August von Parseval
Graf Zeppelin und die deutsche Luftfahrt

SEVERUS Verlag

Parseval, August von: Graf Zeppelin und die deutsche Luftfahrt. 2015
Neuauflage der Ausgabe von 1925
ISBN: 978-3-95801-147-2

Umschlaggestaltung: SEVERUS Verlag

Bibliografische Information der Deutschen Nationalbibliothek: Die Deutsche Nationalbibliothek
verzeichnet diese Publikation in der Deutschen Nationalbibliografie; detaillierte bibliografische
Daten sind im Internet über https://dnb.de abrufbar.

Der SEVERUS Verlag ist ein Imprint der Bedey & Thoms Media GmbH,
Hermannstal 119k, 22119 Hamburg

SEVERUS Verlag, 2015
http://www.severus-verlag.de
Gedruckt in Deutschland

August von Parseval

Graf Zeppelin und die deutsche Luftfahrt

SEVERUS

GRAF ZEPPELIN

UND DIE DEUTSCHE LUFTFAHRT

VON

PROFESSOR DR. ING. E. H. DR. PHIL. H. C.

AUGUST VON PARSEVAL

MAJOR A. D.

MIT 120 ABBILDUNGEN

INHALTSVERZEICHNIS

Dritter Abschnitt: Verschiedene Luftschiffsysteme

Vierter Abschnitt: Der Weltkrieg

Fünfter Abschnitt: Die Nachkriegszeit

Sechster Abschnitt: Technische Ergebnisse des Krieges und Ausblicke in die Zukunft

EINLEITUNG

ZEPPELINS JUGENDZEIT

In der Geschichte treten bisweilen Willensmenschen hervor, die durch ihre Tatkraft und Ausdauer das scheinbar Unmögliche möglich zu machen wissen und ihren eigenen Glauben, ihre Zuversicht auch auf ihre Mitmenschen übertragen, so daß in weitem Umkreis die von ihnen ausgehende Kraft fortwirkt. Gar oft sind solche Persönlichkeiten von einem dämonischen Ehrgeiz besessen, dem sie alles andere opfern. Weit seltener aber sind jene, die einem Ideal, einem hohen Ziel selbstlos nachjagen, die nicht nach ihrem persönlichen Vorteil trachten, sondern nach ihrem Werk. Solche Menschen gehen dann wie segenbringende, schöpferische Gestalten durch die Welt, und die von ihnen ausgehende Kraft ist durch Liebenswürdigkeit und Freundlichkeit verklärt.

Ein solcher Mann war Graf Zeppelin. Noch steht vor uns sein Bild als eines unanfechtbaren Edelmannes und abenteuerlichen Kavaliers. Als Schwärmer und Idealist von fortreißender Kraft der Überzeugung, als Mann der Tat von unüberwindlicher Energie, ungebrochen durch die härtesten Schicksalsschläge; dabei schlau und hartköpfig, wie ein Schwabe nur sein kann, und schließlich als Mensch liebenswürdig und fein, ein vortrefflicher Freund. So ungewöhnliche Eigenschaften können sich nur unter besonders günstigen Umständen entwickeln, und die waren bei der Familie Zeppelin gegeben. Seine Ahnen saßen ursprünglich in Mecklenburg, wo schon im 13. Jahrhundert ein Gut Zeppelin existierte. Sein Großvater Ferdinand Ludwig trat im 18. Jahrhundert in württembergische Dienste und wurde in den Grafenstand erhoben. Dessen Sohn Graf Friedrich war Hofmarschall des Fürsten von Hohenzollern. Er heiratete eine Französin aus einer angesehenen Refugiéfamilie, die durch eine Baumwollfabrik zu Wohlstand gekommen war, eine geborene Macaire. Der Schwiegervater Macaire schenkte dem jungen Paar das Landgut Girsberg bei Konstanz, und am 8. Juli 1838 wurde Graf Ferdinand von Zeppelin geboren. Er verbrachte auf dem schönen Gut eine ungetrübte Jugendzeit und wuchs als Sprößling einer alten Familie in guten Vermögensverhältnissen heran. Die meisten jungen Leute hätten sich unter diesen Umständen einem vergnügten Lebensgenuß hingegeben. Zeppelin nutzte die Gunst der Verhältnisse, um sich eine umfassende Bildung zu verschaffen. Zunächst wuchs der Knabe auf dem schönen Gut auf und wurde zuerst von seiner Mutter, später von mehreren Hauslehrern unterrichtet, von denen der spätere Pfarrer Moser einen bestimmenden Einfluß auf ihn ausübte. Mit 14 Jahren kam er nach Stuttgart in die Realschule, sodann in die Kadettenanstalt in Ludwigsburg und wurde im Jahre 1857 zum Leutnant befördert.

DIE DIENSTZEIT ALS OFFIZIER

Nun war Zeppelin in „geordneten" Verhältnissen, war Mitglied der großen deutschen Armee. Aber so große Gaben er auch für seinen Beruf mitbrachte, er konnte sich mit seiner abenteuerlustigen, selbständigen Sinnesart in dem engen Friedensdrill nicht wohlfühlen, und seines Bleibens war nicht lange bei der Truppe. Schon im nächsten Jahr wurde er zum Besuch der Universität Tübingen beurlaubt, wo er hauptsächlich staatswissenschaftliche Fächer studierte. Im Frühjahr 1859 kam er zum Ingenieurkorps nach Ulm und dann im Herbst in den Generalquartier-Stab.

Aber der Frontdienst hielt ihn auch jetzt nicht lange. Im Jahre 1863 erbat und erhielt er Urlaub, um als Zuschauer dem amerikanischen Sezessionskrieg beizuwohnen, der ihn besonders wegen des Problems des Milizheers lebhaft interessierte. Vom Präsidenten Lincoln erhielt er die Erlaubnis, „sich nach Belieben innerhalb der Linien der Armee der Vereinigten Staaten zu bewegen" und machte davon in vorderster Linie der operierenden Truppen ausgiebig Gebrauch. Er wohnte den Kämpfen der Potomac - Armee unter General Hooker bei und war während seines Aufenthaltes Gast des Generals Hooker; vor Charlestone teilte er das Zelt Gilmores, in Virginien war er Gast des Generals Karl Schurz. Er machte die Gefechte bei Frederiksburg und bei Ashby-Gap in Virginien mit. Bei dem zuletzt genannten, in dem Pleasanton gegen Stuart führte, begleitete er einen Reiterangriff außerhalb der Flanke, wagte sich etwas zu weit vor und verdankte es nur der Schnelligkeit seines Pferdes, daß er nicht gefangen wurde. Übrigens hatte er sich auch für diesen Fall vorgesehen: wohlverwahrt führte er ein Empfehlungsschreiben an den General Lee, den Oberbefehlshaber der Südstaaten, mit sich.

Doch beschränken sich seine Studien in Amerika nicht auf das rein militärische Gebiet. Er machte sich mit Land und Leuten vertraut und unternahm eine Forschungsexpedition zur Erkundung der Mississippiquellen. Beinahe wäre ihm das aber schlecht bekommen; denn er entging infolge außergewöhnlicher Trockenheit nur mit knapper Not dem Untergang. Indessen kehrte er im Jahre 1864 glücklich nach Deutschland zurück, nahm mit Auszeichnung am Feldzug 1866 teil und erhielt das Ritterkreuz des Militärverdienstordens.

In weiteren Kreisen aber wurde sein Name zuerst bekannt durch ein Husarenstückchen, das er zu Beginn des Feldzugs 1870 vollführte. Im folgenden sei der fesselnde Bericht des Oberstleutnants Duvernoy über diese kühne Kriegstat wörtlich wiedergegeben.

Während des Deutsch-Französischen Krieges war Zeppelin Generalstabsoffizier der württembergischen Reiterbrigade. Sein damaliger kühner Patrouillenritt hat ihn weit über die deutsche Armee hinaus berühmt gemacht. Die württembergische Kavalleriebrigade hatte ihre Mobilmachung früher als die übrigen Truppen der Felddivision bewerkstelligt und war bis zu deren Eintreffen im Aufmarschgelände der badischen Felddivision unterstellt, lag aber in zweiter Linie. Am Abend des 23. Juli besprach der Chef des Generalstabes der badischen Felddivision, Oberstleutnant v. Leszczynski, mit den in Karlsruhe versammelten Generalstabsoffizieren die Lage. Es ergab sich die Notwendigkeit, festzustellen, was südlich der Lauter vorgehe. Eine gewaltsame Erkundung sollte vermieden werden, weil zu fürchten war, daß die Franzosen das Zurückgehen nach erreichtem Zwecke als großen Sieg ausposaunen würden. Der Graf erklärte sich bereit, eine Erkundungspatrouille

2

zu führen und erhielt den Auftrag, zu ermitteln, ob Mac Mahon zum Einbruch in die Pfalz aufmarschiere und ob eine dritte Division bei seinem Korps sei, da man bisher nur Truppen der 1. und 2. Division festgestellt hatte. Hierauf wurden ihm von den zunächst der Grenze liegenden badischen Dragonern vier Offiziere, der Premierleutnant v. Wechmar und der Leutnant v. Viliez vom Leibdragonerregiment und die Leutnants v. Winsloe und v. Geyling des 3. Dragonerregiments Prinz Karl sowie sieben Mann beider Regimenter unterstellt und der Aufbruch auf den 24. früh festgesetzt.

Nach kurzem Ritt überschritt die kleine Schar die eigene Vorpostenlinie und erreichte die Grenze durch den Bienwald bei Lauterburg. Das Tor dieser sogenannten Festung stand offen, die Zugbrücke war heruntergelassen. Die kleine, aus Douaniers und Gendarmen bestehende Besatzung wurde völlig überrascht; das Städtchen im Galopp unter Hurra-geschrei, den Säbel in der Auslage vorwärts, durchritten. Es war Sonntag und eine große Zahl von Kirchgängern unterwegs. Sie starrten erstaunt den kühnen Reitern nach, die, ebenso schnell wie sie gekommen waren, durch das jenseitige Tor wieder verschwanden. Nach Zerstörung der Telegraphenleitung ging es weiter, bis die große Hitze gegen Mittag eine kurze Rast bei Neeweiler nötig machte. Um 5 Uhr erreichte die Patrouille Trimbach, wo im Dorfwirtshause getanzt wurde. Die Einwohner brachten bereitwillig Erfrischungen heraus; die Pferde wurden umgesattelt und getränkt. Der Graf, mit dem Abschneiden des die Proklamation Napoleons enthaltenden Maueranschlags beschäftigt, sah sich plötzlich von zwei vom entgegengesetzten Dorfeingange kommenden Reitern, einem Gendarmen und einem Lancier, angegriffen. Auf seinen Ruf eilten seine Begleiter herbei, aber sein Pferd war schon durch einen Lanzenstich verwundet und gebrauchsunfähig geworden. Der Graf gab dem Lancier einen Hieb über den Kopf und überwies ihn Nachfolgenden durch Zuruf. Doch gelang es dem Lancier, unter Zurücklassung seines Pferdes, in ein Bauernhaus zu entkommen, während der Graf sich gegen den Gendarmen wandte und dessen Pferd am Zügel faßte, worauf sich dieser ergab. In seiner Tasche fanden sich wert-volle Aufschlüsse gebende Papiere vor. Nachdem ihm diese abgenommen waren, ließ man ihn wieder frei. Sein Pferd hatte der Graf bestiegen; aber beim ersten Graben, den es springen sollte, fiel es hinein. Nun bestieg Zeppelin das Lancierpferd, und es ging weiter auf die Station Hunspach der Eisenbahn Weißenburg—Hagenau zu, wo die Batterien des Telegraphenapparates zerstört und die Drähte durchschnitten wurden. Bei einem darauf-folgenden kurzen Halt entschloß sich der Graf, den jüngsten Offizier, Leutnant v. Geyling, mit zwei Dragonern und der Meldung der bisherigen Erlebnisse nach Karlsruhe zurück-zuschicken. Das Pferd des Gendarmen und sein eigenes verwundetes wurden mitgegeben. Geyling schlug den Weg über die Bienwaldmühle ein, verbarg sich im Walde vor einer feindlichen Schwadron, erfuhr in Schleithal, daß die Bienwaldmühle vom Gegner besetzt sei, sprengte jedoch im Schutze der Dunkelheit an dem Posten vorbei, indem er ihm „Bonjour, Messieurs" zurief. Die Franzosen erholten sich erst von ihrem Erstaunen, als die Patrouille schon ein gutes Stück entfernt war, und sandten einige fehlgehende Schüsse nach. Die Deutschen hatten inzwischen schon den heimatlichen Boden unter sich.

Die Patrouille des Grafen hatte unterdessen im Abenddunkel die Straße Sulz—Weißen-burg überschritten und sich in einem hochgelegenen Gehölz zur kurzen Nachtruhe ein-gerichtet. Mit dem ersten Tagesgrauen ging es auf Wörth weiter, das unbesetzt gefund wurde. Die Kunde vom Eindringen der Patrouille hatte sich wie ein Lauffeuer in der Umgegend verbreitet; feindliche Reiter streiften nach ihr, und die Einwohner zeigten eine drohende Haltung. Infolge der großen Hitze und ungenügenden Tränkens waren die Pferde nicht mehr so frisch wie tags zuvor. Der Graf hatte erfahren, daß an den Nordausgängen des Hagenauer Waldes, wo früher Infanterie gestanden hatte, nur noch Kavallerie stehe, ebenso, daß Kolonnen aller Waffen auf der Chaussee Hagenau—Bitsch über Reichshofen marschierten. Daraus war mit Sicherheit zu schließen, daß ein Aufmarsch gegen die Lauter nicht stattfinde und daß die 3. Division des Mac Mahonschen Korps, wenn sie überhaupt bei ihm war, nur bei Hagenau stehen konnte. Da eine Einsicht in diese Gegend nur von Westen möglich war, so mußte, um dorthin zu gelangen, die Straße Hagenau—Bitsch durchquert werden. Dieses Wagnis hatte aber nur Aussicht auf Gelingen, wenn die Pferde vorher durch Füttern und Tränken erfrischt wurden. Alle kleineren Wasserläufe waren ausgetrocknet, das Tränken daher nur innerhalb der Ortschaften möglich. Graf Zeppelin beschloß, nach dem Scheuerlenhofe zu reiten, dessen tiefe Lage für seine Zwecke günstig war. Der nächstgelegene Ort, den man in Händen des Feindes wußte, war das 2,5 km entfernte Gundershofen. Es konnte also etwa eine Stunde verstreichen, bis der dortige Gegner von der Anwesenheit der Patrouille auf dem Hofe erfuhr und zur Stelle sein konnte. Demnach mußte die Patrouille in weniger als einer Stunde wieder im Sattel sein, was zu gleichzeitigem Füttern und Tränken nötigte und das Ausstellen von Vedetten nicht zuließ. Zur Abwehr feindlicher Kavalleriepatrouillen, die nicht über acht Pferde stark beobachtet wurden, waren alle Maßregeln getroffen.

Während der Graf in dem etwas abseits von den übrigen Gehöften liegenden Wirtshause mit den Offizieren ihr Verhalten im Falle eines Angriffs besprach — nämlich jeder Offizier sollte mit seiner Ordonnanz in anderer Richtung die Grenze zu erreichen suchen —, rief der vor dem Wirtshaus stehende Posten heraus, da er zwei Chasseurs à cheval schießend vorübergaloppieren sah. Diesen folgten bald weitere acht Mann; es waren Spitze und Vortrupp einer Eskadron des 12. Chasseurregiments der Brigade Bernis in Reichshofen. Dorthin hatten berittene Gendarmen die Anwesenheit der Patrouille in Wörth am frühen Morgen gemeldet, und General Bernis hatte zwei Eskadrons ausgesandt, um die Patrouille aufzuheben. Der zuerst heraustretende Leutnant v. Viliez sandte vom Hoftor aus der anscheinend fliehenden Abteilung einige Revolverschüsse nach und wollte sehen, wohin sie sich wende, als sie plötzlich wieder Front machte und aus entgegengesetzter Richtung der Rest der Eskadron herangaloppierte. Nun entspann sich auf dem kleinen Hofe des Wirtshauses ein kurzes, aber sehr lebhaftes Feuergefecht. Der Führer des Avantgardenzuges, der seine Leute wiederholt durch Zurufe anfeuerte, fiel, fast gleichzeitig wurde Leutnant v. Winsloe tödlich verwundet, nachdem er der Aufforderung, sich zu ergeben, zurückgewiesen hatte; der leicht verwundete v. Viliez und v. Wechmar waren umringt und so gezwungen, sich mit den Dragonern zu ergeben. Die noch in der Scheune stehenden Pferde waren teils tot, teils verwundet. Der Graf, der bisher über die verriegelte untere Türhälfte des Wirtshauses auf die Franzosen gefeuert hatte, gelangte darauf durch den rückwärtigen Ausgang ins Freie, bestieg ein dort von einer alten Frau gehaltenes Chasseurpferd, rief dem Leutnant v. Viliez noch zu: „Retten Sie sich, es ist nichts mehr zu machen!" und galoppierte den Hang hinauf. Er sprengte durch ein kleines Gehölz, das die ihn verfolgenden Chasseurs umritten, und gewann hierdurch Vorsprung, so daß diese die Verfolgung aufgaben. Nach Durchquerung eines anderen Waldstückes stieß er auf die andere Eskadron, die infolge des Schießens herbeigeeilt war. Diese umstellte das Waldstück mit Vedetten. Nach Verlauf von fünf Stunden — nachmittags 5 Uhr — schlich der Graf sich heraus und fand die Straße Reichshofen—Wörth von einer Vedettenreihe besetzt, die ihn abfangen sollte. Er sprengte zwischen zwei Vedetten hindurch, und diese nahmen sofort seine Verfolgung durch das waldige Bergland auf. Erst nachts 11 Uhr, als ein ungewöhnlich heftiges Gewitter losbrach, ließen die Verfolger von ihm ab, und er erreichte über Windstein und Obersteinbach glücklich die Pfalz. Am anderen Morgen mußte er noch die vom Gegner fleißig abpatrouillierte Straße Weißenburg—Bitsch eine Strecke weit benutzen, traf aber um 5 Uhr auf bayerische Vorposten. Von da aus berichtete er telegraphisch über das Ergebnis seiner Erkundung nach Karlsruhe, v. Winsloe erlag im Laufe des Nachmittags seiner Verwundung; er war der erste im Feldzug gefallene Offizier. v. Wechmar und v. Viliez mit vier Dragonern wurden schon am Tage von Wörth bei Einnahme von Niederbronn, wohin sie gebracht worden waren, frei, ein Gefreiter beim Falle von Metz, die anderen zwei erst nach Beendigung des Krieges.

Im weiteren Verlauf nahm Zeppelin an der Schlacht bei Wörth und den Operationen vor Paris teil; er erhielt das Ritterkreuz I. Klasse des Kronenordens sowie das Eiserne Kreuz.

Im Jahre 1874 wurde er zum Major bei den 26. Dragonern in Ulm und 1882 zum Regimentskommandeur der 19. Ulanen befördert. Dann aber ging er vom militärischen zum diplomatischen Dienst über und war 1885—1887 Militärbevollmächtigter bei der württembergischen Gesandtschaft in Berlin und bis 1889 Gesandter und Bevollmächtigter beim Bundesrat. Er nahm die Gelegenheit wahr, in mehreren Fällen die Interessen seines Souveräns nachdrücklich zu vertreten, was wohl kaum dazu beigetragen haben wird, ihn in Berlin sonderlich beliebt zu machen. Doch wurde er 1888 zum General à la suite des Königs von Württemberg befördert und trat im Jahre 1890 in den Militärdienst zurück. Er erhielt eine Kavalleriebrigade in Saarburg; doch schon nach den Manövern des nächsten Jahres, als er in der Ancienität am Divisionskommandeur stand, wurde er zur Disposition gestellt. Es war für ihn ein harter Schlag und für alle, die seine militärischen Fähigkeiten kannten, eine Überraschung; freilich läßt sich wohl denken, daß eine so selbständige Natur mit Ansichten, die den herrschenden Maximen nicht immer entsprachen, höheren Orts ein unbequemer Untergebener war. Damit war Zeppelins militärische Laufbahn abgeschlossen. Doch was er selbst damals für ein großes Unglück hielt, war für die Luftschiffahrt ein Glück; denn nun warf er sich mit seiner Energie und seinem Enthusiasmus auf dies neue Gebiet, in dem er ein Bahnbrecher erster Ordnung werden und seinen Namen mit leuchtender Schrift in die Tafeln der Geschichte eintragen sollte.

DIE ZEPPELIN-SCHIFFE BIS ZUM KRIEGE

STAND DER TECHNIK 1890

Im Jahre 1890 war der Stand der Technik noch keineswegs so weit vorgeschritten, daß man auch nur die notwendigsten Kenntnisse zur Ausführung von Ingenieurwerken der Luftfahrt besessen hätte, die nach jeder Richtung eine Höchstleistung verlangen. Auch die Ausbildung der Ingenieure war lange nicht auf der hohen Stufe, wie wir sie heute sehen; vielmehr wurde in der Hauptsache handwerksmäßig gearbeitet, und die Praktiker sahen vielfach geringschätzig auf die „wissenschaftliche Theorie" herab. Man war noch nicht von dem Gedanken durchdrungen, daß eine „Theorie", die mit der Praxis nicht übereinstimmt, überhaupt keine Theorie ist, daß der Theoretiker unbedingten Respekt vor dem praktischen Versuch haben muß, daß aber oft recht viel „Theorie" dazu gehört, um die Gründe der scheinbaren Nichtübereinstimmung zu finden.

Wirkliche Höchstleistungen können aber nur durch ein verständnisvolles Zusammenwirken von Theorie und Praxis erreicht werden, indem ein klar erkanntes Ziel mit ebenso klar erkannten Mitteln verfolgt wird.

Damals aber fehlte es in der Luftfahrt nicht nur an der Erkenntnis der Luftkräfte selbst; es fehlte auch an den technischen Mitteln: es gab weder gute Motoren noch Materialien, wie wir sie in den hochwertigen Stählen und dem Duraluminium heute besitzen. So bedurfte es der glücklichen Unwissenheit des Dilettanten, um sich an eine Aufgabe heranzumachen, zu deren Lösung eigentlich noch die Grundlagen fehlten. Der Verfasser darf das wohl sagen; denn er war selbst in einem ähnlichen Fall. Die eigentümliche Schwierigkeit der Pionierarbeit liegt eben darin, daß man noch nicht mit „Koeffizienten" rechnen kann und sich die notwendigsten Kenntnisse selbst erst erarbeiten muß. Es ist eine besondere Kunst, sich diese Unterlagen in kurzer Zeit und mit wenig Geld durch Laboratoriumsversuche zu verschaffen. Aber zuletzt bleibt doch die Ausführung im großen ein gewaltiges Risiko. Dieser Wagemut war das besondere Verdienst Zeppelins. Und wo sollte der Fortschritt herkommen, wenn alle Leute so vorsichtig wären wie die großen Firmen, wenn ihnen etwas Neues vorgeschlagen wird.

RENARDS LUFTSCHIFF

Die ersten Vorarbeiten zu einem lenkbaren Luftschiff waren in Frankreich geleistet worden. Dort hatte im Jahre 1888 der spätere Oberst Renard auf Kosten des französischen Staates ein lenkbares Luftschiff gebaut, das zum erstenmal eine wirkliche Fahrt in der Luft mit selbst bestimmter Bahn zurücklegte. In aerodynamischer Beziehung war das Schiff sehr gut durchgearbeitet, und es ist für die gesamte französische Luftschiffahrt das Vorbild

Abb. 1. La France. Renards Schiff 1884

geblieben. Unter dem Ballon war ein langes Holzgerippe angebracht, an dessen vorderem Ende eine gewaltige hölzerne Luftschraube sich befand.

Ein Luftsack im Ballon wurde nach Maßgabe der Gasverluste durch einen Ventilator aufgeblasen und ermöglichte so, den Ballon bei Gasverlusten prall und frei von Falten zu halten. Alle diese Ideen gehen auf den genialen französischen Altmeister, den General Meusnier, zurück, der das Projekt eines Lenkluftschiffes hinterließ, das sich zur Zeit im preußischen Staatsbesitz befindet.

Für den Antrieb war Renard auf einen Elektromotor angewiesen, der viel zu schwer und zu schwach war. Die Geschwindigkeit des Schiffes war infolgedessen nur klein — 24 km in der Stunde — und seine Fahrtlänge unzureichend. „Die Widerstände sind viel größer als wir gedacht hatten", sagte der Erfinder seufzend in seinem Bericht. Später allerdings sollten sie sich weit kleiner erweisen, als man gedacht hatte.

Im Verlaufe der nächsten Jahre entwickelte sich aber der Benzinmotor, der mit einem bisher unerhört geringen Gewicht an Werk- und Brennstoff eine große Leistung erzeugte. Dadurch wurde die Lage für die Luftschiffahrt eine ganz andere. Denn es bestand Aussicht, mit dem neuen Motor wesentlich größere Geschwindigkeiten zu erreichen und den Hauptübelstand der bisher gebauten Luftschiffe, ihre Langsamkeit, zu beseitigen.

DAS ERSTE PROJEKT ZEPPELINS

Freilich war das erste Projekt des Grafen Zeppelin älter. Schon im Jahre 1887 entwickelte er seine Ideen in einer dem König von Württemberg überreichten Denkschrift wie folgt: „Zur wirklichen Nutzbarmachung der freien Luftschiffahrt für militärische Zwecke ist es erforderlich, daß die Schiffe auch gegen stärkere Luftströmungen vorwärtskommen, so daß sie erst nach längerer Zeit, mindestens 24 Stunden, zu landen gezwungen sind, um weite Rekognoszierungen ausführen zu können; daß sie bedeutende Tragkraft besitzen, um Menschen, Vorräte oder Sprenggeschosse mitführen zu können. Alle drei Anforderungen bedingen viel ausgedehntere Gasräume, also große Luftschiffe.

Wesentliche Fortschritte in der Vervollkommnung der lenkbaren Luftschiffe · bleiben dann nur noch zu machen in der Findung einer zum Durchschneiden der Luft geeigneteren Form und der Möglichkeit, ohne Ballastverminderung zu steigen und ohne Gasverlust zu sinken. Gelingt es, diese Probleme zu lösen, so ist der Luftschiffahrt eine noch ganz unschätzbare Bedeutung nicht allein für die Kriegführung, sondern auch für den allgemeinen Verkehr (kürzeste Verbindung durch Gebirge oder Meere, getrennte Orte), für Erforschung der Erde (Nordpol, Inner-Afrika) in der Zukunft gewiß."

Der Graf hatte also in erster Linie eine militärische Verwendung des Luftschiffes in Aussicht genommen, und diesem Zweck entsprach auch das grundlegende Projekt, das für die ganze Folgezeit maßgebend geblieben ist. Zunächst sollte der Ballon durch eine größere Anzahl Querwände in selbständige Abteilungen unterteilt werden, um bei Verletzungen der Hülle den Gasverlust auf die gerade davon betroffene Abteilung zu beschränken. Dies bedingte aber ein Gerüst im Innern des Ballons, das die äußere Form und die Gestalt der Innenräume festlegte. Der Bau eines solchen Innengerüstes, das bei sehr großen Abmessungen nur ein geringes Gewicht haben durfte, war eine Schwierigkeit erster Ordnung. Bei der großen Zahl der Teile war das Zusammenwirken von der Elastizität der Einzelteile bedingt. Das Bauwerk war, wie der technische Ausdruck lautet, vielfach statisch unbestimmt, und auch heute noch · ist die Berechnung einer solchen

Abb. 2. LZ. 1 über seinem Floß

8

Konstruktion ein sehr umständliches und nur mit einer gewissen Annäherung lösbares Problem.

Das erste Luftschiff sei hier etwas genauer beschrieben, da alle folgenden ihm gleichen. Der Ballonkörper bestand aus einer nicht runden, sondern 24 seitigen Trommel, die an beiden Enden durch eiförmige Enden geschlossen war. Der Länge nach war sie durch 16 Querwände in 17 Abteilungen eingeteilt. Der Querschnitt durch das Schiff war ein 24 seitiges Polygon.

An jeder der 24 Längskanten läuft ein sogenannter Längsträger. Diese 24 Längsträger sind durch 16 Hauptringe und durch Zwischenringe miteinander verbunden, so

Abb. 3. LZ. 1 im Bau

daß auf dem Mantel der Trommel viereckige Felder entstehen. Diese sind wieder sämtlich durch diagonal laufende Verspannungsdrähte ausgekreuzt.

Über das ganze Gerippe ist außen eine baumwollene Schutzhülle gespannt, die anfangs aus porösem Stoff, später, um das Eindringen von Wasser zu verhüten, aus zelloniertem Baumwollstoff gefertigt war.

Die Querwände im Schiff bestehen aus den sogenannten Hauptringen, welche durch ein ganzes System von Verspannungsdrähten, die quer durch das Schiff gehen und ein ziemlich enges Netz bilden, versteift sind. Diese Drähte bilden die Wände, welche die Ballonzellen voneinander trennen.

Die Zellen sind aus gasdichtem Ballonstoff gebildet und füllen den Raum in ihrem Abteil, wenn sie voll sind, ganz aus. — Sie haben also einen dem Ballonumriß sich anschmiegenden Mantel und sind an beiden Enden durch eine ebene Wand geschlossen, welche sich an die Drahtwand anlegt.

Wenn eine Zelle mehr Druck hat als der Nachbar, so muß sich die trennende Drahtwand durchbiegen. Dabei üben die Drähte auf den umschließenden Ring einen beträcht-

Abb. 4. LZ. 1, Bugkappe

lichen Zug aus. Gibt man den Drähten viel Anfangsspannung, so hat die Wand wenig
Durchbiegung, man braucht aber sehr ſtarke und schwere Ringe. Gibt man mehr
Durchbiegung, so hat man leichtere Ringe; aber die Zellen beeinflussen sich gegen-
seitig, und beim Stampfen des Schiffes wird ein Hin- und Herfluten des Gases möglich,
was für die Stabilität nachteilig iſt.

Der erſte Entwurf wurde in Zeppelins Auftrag von Oberingenieur Kober angefertigt.
Als Material für das Gerippe wurde Aluminium gewählt. Die Länge des erſten Schiffes
betrug 128 m, der Durchmesser 11,66 m. Der Gasinhalt des Schiffes war 10300 cbm.
Heute erscheint uns das als gering; damals war es etwas Ungeheures. Die Laſt war auf
zwei Gondeln verteilt — bei der großen Länge des Schiffes eine unumgängliche Maßregel.
In jeder Gondel war ein Motor von ca. 15 P. S. aufgeſtellt, der 385 kg wog. — Soviel wiegen
heute die Motoren von 260 P. S. Jeder Motor betrieb vermittels eines doppelten Kegelrad-
getriebes zwei kleine Schrauben aus Aluminiumblech. Diese waren aber nicht unten an
der Gondel, sondern seitlich des Ballons in solcher Höhe angebracht, daß sie mit der

Lage des resultierenden Luftwiderstandes des Ballons in einer Ebene standen. Hierdurch sollte das Kippen des Schiffes, wie es bei einer tiefen Lage der Antriebsschrauben zu befürchten war, verhindert werden. Dieser Zweck wurde erreicht, man erkannte jedoch erst viel später, daß bei so langen Schiffen eine so schwere und komplizierte Anordnung nicht nötig ist, daß man vielmehr die Propeller ruhig unten an der Gondel lassen und das Kippmoment mittels des Höhensteuers aufheben könne. Die Luftschrauben

Abb. 5. Der Motor des LZ. 1 mit unterem Getriebe

wurden auf einem Boot am Wasser ausprobiert, wie dies Abb. 6 zeigt. Von dieser Ausführung her schreiben sich viele andere Projekte, die mit Luftschrauben nicht nur Boote, sondern Landfahrzeuge, wie Schlitten und Wagen, antreiben wollten.

Die Luftschrauben bestanden aus doppeltem Aluminiumblech mit einem Arm aus Stahl dazwischen, eine Form, die später durch Holz ersetzt wurde. Das Boot war für solche Versuche allerdings etwas langsam, aber der Z. 1 war auch nicht sehr viel schneller.

Die Steuereinrichtung dieses Schiffes war seine Schwäche. Ballonkörper, wie man sie in der Luftschiffahrt anwenden muß, haben nämlich allgemein eine höchst unangenehme Neigung, sich querzustellen, wenn man den Versuch macht, sie in Richtung ihrer Längsachse vorwärts zu bewegen, und brauchen, um dies zu verhindern, sehr große Dämpfungsflächen am hinteren Ende ähnlich der Befiederung eines Pfeils. Schon Renard hatte die Erfahrung gemacht, daß sein Ballon nicht kursstabil war. Bei der geringen Geschwindigkeit kam er aber mit verhältnismäßig kleinen Flächen aus. Es war gelungen, dies Ergebnis der Renardschen Versuche geheimzuhalten; daher fehlten dem ersten Zeppelin-Schiff die Pfeilflächen, und es waren nur kleine, ganz ungenügende Steuer vorhanden.

Das trat namentlich bei dem allerersten Versuch grell zutage.

Zur Verbindung zwischen den Gondeln und zur Besichtigung der Ballonzellen war ein Laufgang unter dem Ballon vorhanden, erst nur ein leichter Steg, später eine solide Brücke,

Abb. 6. Luftschraubenboot

die nachher ins Innere des Ballons verlegt wurde. Unter demselben, bei der ersten Ausführung an einer langen Seilschleife schwebend, befand sich ein Laufgewicht, das von einer Gondel zur anderen gezogen werden konnte, um die Schwerpunktslage des Schiffes zu regeln. Dieses Gewicht wurde später in den Laufgang verlegt und die Auswägung des Ballons durch Umpumpen von Wasser oder Benzin, gelegentlich auch wohl dadurch bewirkt, daß man Menschen von der einen Motorgondel in die andere schickte.

DIE SCHWIMMENDE HALLE

Eine besonders originelle und in mancher Beziehung der Zeit weit vorauseilende Einrichtung war die Ballonhalle in Manzell. Sie war im Bodensee schwimmend auf Pontons erbaut, da Zeppelin der Ansicht war, daß die Gerippeschiffe einen harten Landungsstoß auf dem Boden nicht aushalten würden und er daher auf dem Wasser sich niederlassen wollte. Auch konnte sich die drehbar verankerte Halle in den jeweiligen Windstrich einstellen, wodurch das Ein- und Ausbringen der Luftschiffe wesentlich erleichtert war. Zu diesem Zweck wurde das Schiff auf einem Floß befestigt und durch ein Motorboot eingefahren. Freilich war der Betrieb auch sehr erschwert, und die schwimmenden Hallen erwiesen sich den Stürmen des Bodensees nicht gewachsen, so daß man sie nicht weiter verwendet hat. Drehbare Hallen zu Lande sind aber später zuerst von der Firma Siemens-Schuckert erbaut worden und im Weltkriege noch mehrfach zur Anwendung gekommen, und wenn es gelingt, sie billig genug herzustellen, so gehört den drehbaren Hallen die Zukunft.

Ein großes Luftschiff kann man gegen einen das Schiff von der Seite her treffenden Wind nicht halten. Steht der Wind daher quer zur Halle, so ist es nicht möglich, den Ballon herein- oder herauszubringen. Um also die Schiffe jederzeit benutzen zu können, sind drehbare Hallen, die in den Windstrich eingestellt werden können, unerläßlich.

Zunächst bedurfte es noch langer Kämpfe und Verhandlungen, bis der Entwurf zur Ausführung kam. Im Jahre 1894 wurde das Projekt einer von der deutschen Reichsregierung eingesetzten Kommission unter der Führung von Müller (Breslau) zur Prüfung übergeben. Diese beanstandete, daß das Aluminiumgerippe des Entwurfes nicht solid genug sei und daß die erreichbare Fahrgeschwindigkeit nicht genüge. Aber auch nachdem durch Müller (Breslau) selbst der Entwurf verbessert war und die Festigkeit des Gerippes den Anforderungen entsprach, blieb die Haltung der Behörden ablehnend, und der Erfinder, dessen persönliche Mittel nahezu erschöpft waren, vermochte auch, nachdem der Verein deutscher Ingenieure sich für ihn eingesetzt hatte, nicht, die notwendigen Geldmittel zum Bau seines Luftschiffs zusammenzubringen. Da gelangte er durch den Tod seines Schwagers in den Besitz von Mitteln, und nun konnte er eine Gesellschaft zur Förderung der Luftfahrt gründen mit einem Kapital von 800000 Mark, wovon er allerdings mehr als die Hälfte selbst beisteuerte.

DIE ERSTEN VERSUCHE IM JAHRE 1900

Endlich, am 2. Juli 1900, kam es zum ersten Versuch, zu dem eine große Zahl Gäste aus ganz Deutschland und der benachbarten Schweiz herbeigeeilt waren.

In der Presse und beim Laienpublikum sprach man von einem großen Erfolg. Das Sachverständigenurteil mußte anders lauten. Es war dem Schiff nicht möglich, geradeaus zu fahren, da sich der Ballon, sobald er einigermaßen in Fahrt kam, querstellte. Es mußte daher durch Rückwärtslaufenlassen der Schrauben gebremst werden. Aber schließlich kam das Schiff doch wieder heil in die Halle, und das Publikum, das sich über die Gründe der unregelmäßigen Bewegungen nicht im klaren war, kehrte befriedigt nach Hause.

Am 2. und 7. Oktober des gleichen Jahres fanden weitere Fahrten mit dem Schiff statt, nachdem etwas wirksamere Höhen- und Seitensteuer eingebaut waren. Hierbei gelang es, einigermaßen geradeaus zu fahren, und es wurde eine Geschwindigkeit von 7,8 m in der Sekunde (28 km in der Stunde) festgestellt. Dieses Ergebnis wurde aber von den deutschen Behörden, von ihrem Standpunkt aus mit Recht, für ungenügend gehalten. Die Lage war schlimm. Nicht nur die Mittel der Gesellschaft waren erschöpft, sondern auch das Vertrauen in das System Zeppelin war erschüttert.

Immerhin war es gelungen, den Nachweis zu führen, daß ein Luftschiffgerippe aus Aluminium hinreichend solide und tragfähig gebaut werden kann: insoweit durfte sich Zeppelin einen Erfolg zuschreiben. Aber was zu tun blieb, war sehr viel: die Schaffung genügender Steuer, um richtig Kurs halten zu können, und eine bedeutende Verstärkung der Motorkraft, um die Geschwindigkeit der Schiffe bis zu einem praktisch brauchbaren Maß zu steigern.

Abb. 7. LZ. 1, Ausbringen aus der Halle

Ob diese Erhöhung der Fahrgeschwindigkeit überhaupt in einem solchen Maße möglich sein würde, wie es die Luftfahrt erfordert, bei der man mit der Stärke der Luftströmungen in der Höhe rechnen muß, das war im Jahre 1900 noch sehr zweifelhaft. Die damals zur Verfügung stehenden Motoren und die Kenntnisse des Luftwiderstands mußten dazu führen, die Frage zu verneinen. Die Vervollkommnung des Benzinmotors konnte dabei noch leichter vorausgesehen werden als der Umstand, daß große Luftschiffe bei hoher Fahrt einen wesentlich geringeren Luftwiderstand haben, als man nach den damaligen Erfahrungen anzunehmen berechtigt war. Das allerdings war es gerade, was Zeppelin immer behauptete. Mag man diese Behauptung einen Blitz des Genies oder einen unbegründeten Optimismus nennen; jedenfalls wurde diese den Luftschiffen so günstige Tatsache erst durch die späteren Fahrten der Zeppelin-Schiffe festgestellt und durch die Göttinger Aerodynamische Schule unter der Leitung Prandtls wissenschaftlich erklärt.*

In der Reihe der Versuche entstand nun eine fünfjährige Pause. Das Unternehmen war auch sonst von Mißgeschick verfolgt: die schwimmende Halle erlitt Schaden und mußte am Land neu aufgebaut werden, und das Schiff brach in der Halle zusammen.

---

* Die Geschwindigkeit der Luftfahrzeuge muß immer größer sein als die Windgeschwindigkeit, da für die Bewegung über dem Boden nur der Unterschied beider Geschwindigkeiten in Frage kommt. Soll z. B. ein Schiff mit einer Eigengeschwindigkeit von 30 m/sec von München nach Berlin fahren und es herrscht in Fahrthöhe ein Nordwind von 20 m/sec, so kommt es gegen den Sturm nur mit 30 — 20 = 10 m/sec = 36 km/st vorwärts und braucht zur Zurücklegung der Strecke von rund 500 km 500:36 = 13,9 Stunden. Bei Windstille würde es 4,6 Stunden brauchen und mit dem Wind im Rücken 3,77 Stunden.

Fällt die Fahrtrichtung mit der Windrichtung nicht zusammen, so ist der Einfluß des Windes weniger stark. Wind- und Eigengeschwindigkeit kombinieren sich dann nach dem bekannten Gesetz vom Parallelogramm der Geschwindigkeiten. Die Erfahrung hat ergeben, daß eine Eigengeschwindigkeit der Luftschiffe von 30 m/sec in den meisten Witterungsverhältnissen ausreicht. Ein paarmal im Jahre wird es auch dann noch vorkommen, daß wegen zu starken Windes nicht gefahren werden kann. Die genannten 108 km in der Stunde sind für ein modernes Luftschiff eine abgeminderte Geschwindigkeit. Die bisher erreichte Höchstgeschwindigkeit ist 130 km die Stunde. Damals aber waren es 31 km und verlangt waren zunächst 43 km.

Abb. 8. Ballon „Patrie"

FRANZÖSISCHE LUFTSCHIFFE

In der Zwischenzeit war aber auch an anderen Orten die Entwicklung vorwärts-geschritten und hatte für die weiteren Unternehmungen Zeppelins wichtige Fingerzeige gegeben. Hauptsächlich war es in Frankreich Lebaudy mit seinem von Julliot konstruierten Luftschiff. Das Lebaudysche Schiff zeigt Abb. 8. Es ist hervorgegangen aus dem Muster des Renardschen Schiffes. Der freischwebende Gondelträger ist verschwunden und dem Ballon angepaßt. Es ist das erste halbstarre Schiff, der Vorläufer einer namentlich in Italien fortgesetzten Entwicklungsreihe, und zeigt bereits die Anordnung der Dämpfungsflächen, wie sie später für alle Luftschiffe typisch geworden ist.

Der Motor stand quer zur Gondel. Seine Achse war nach beiden Seiten verlängert und betrieb mittels zweier Kegelräderpaare auf jeder Seite eine Luftschraube aus Stahl mit

Abb. 9. Ballon „Patrie" beim Ausbringen aus der Halle

15

Abb. 10. Clément Bayard

gleicher Umdrehungszahl wie der Motor. Diese hohe Umdrehungszahl war damals für Stahlpropeller ein Wagnis, da Stahl den Vibrationen einer solchen Schraube schlecht standhält. Der Motor des ersten Schiffes hatte 40 P. S.; es wurde eine Geschwindigkeit von 40 km/st erreicht.

Das System wurde vom Staat übernommen. Aber das erste Militärluftschiff, die „Patrie", *riß sich ohne Bemannung im Sturme los, überflog England und blieb im Meere verschollen.* An einem weiteren Schiff flog der Propeller auseinander, zerstörte die Hülle und die Besatzung wurde beim Absturz getötet.

Der Bau der Luftschiffe wurde dann in Frankreich nicht so weit entwickelt, daß wirklich kriegsbrauchbare Schiffe von hoher Geschwindigkeit entstanden wären, vielmehr wurde alles Gewicht auf die Förderung der Flugzeuge gelegt.

Trotzdem zeigt das französische Luftschiffwesen noch einige originelle Formen, die, wenn sie auch nicht zu dauernden Erfolgen geführt haben, doch interessante Fingerzeige

Abb. 11. Clément Bayard

Abb. 12. Ville de Paris

geben. Man versuchte nämlich, die Stabilisationsflächen aus mit Luft oder Gas aufgeblasenen Körpern zu bauen, wie Sigsfeld und ich ähnliche schon am Drachenballon mit Erfolg verwendet hatten.

Ich *zeige noch drei Formen: den „Clément Bayard 1", der der „La France" nachgebildet ist und das charakteristische Ansehen einer undurchgebildeten Neukonstruktion hat. Nachdem das Kastensteuer nicht genügte, baute man die konischen Stabilisationskörper der Abb. 11 an, die jedenfalls der Geschwindigkeit durchaus nicht förderlich waren. Die Konkurrenz baute dann die zylindrischen Stabilisationskörper der „Ville de Paris".

Abb. 13. Ville de Paris

Es zeigt sich hier das Bestreben, die starren Flächen am Hinterende des Ballons zu vermeiden, selbst auf Kosten der Geschwindigkeit. Im Kriege sind die französischen Militärluftschiffe nicht hervorgetreten.

Die Versuche Zeppelins, neue Geldmittel zusammenzubringen, hatten zunächst keinen Erfolg; erst nachdem ihm in Württemberg eine Lotterie bewilligt war und nachdem die Firma Berg in Lüdenscheid, die Fabrikantin des Duraluminiums, sich zu einem großzügigen Entgegenkommen bereitgefunden hatte, konnte der Bau eines neuen Luftschiffes ausgeführt werden.

Das zweite Schiff zeigte in den Einzelheiten wichtige technische Fortschritte. Die damals in sprunghafter Entwicklung befindliche Automobilindustrie vermochte statt der 15 pferdigen Motoren nunmehr 85 pferdige zu liefern; das Aluminiumgerippe wurde wesentlich verbessert und nach der Idee des Grafen der dreiseitige Träger geschaffen, der noch heute im Gebrauch ist. Dagegen fehlte es noch an den Steuern, und dies sollte dem Schiff verhängnisvoll werden. Denn noch war keine Erfahrung in der Führung der Schiffe gesammelt, und das Schiff bedurfte mit ungeübtem Führer um so dringender einer kräftigen Steuervorrichtung.

Der erste Aufstieg am 30. November 1905 mißlang, da das Schiff beim Ausbringen aus der Halle auf den See beschädigt wurde und gar nicht zum Fluge gelangte. Am 17. Januar 1906 fand der erste Aufstieg statt. Das Fahrzeug konnte sich aber gegen den in einiger Höhe herrschenden Wind nicht halten und wurde vom See ab über Land getrieben. Es landete glücklich bei Kißlegg im Allgäu, wurde aber in der darauffolgenden Nacht durch einen heftigen Sturm so schwer beschädigt, daß es abgewrackt werden mußte.

Zeppelin selbst sagt hierüber in einem Bericht vom 17. Januar 1906:

„Es wehte schwacher Südwind, als einige Kilometer südlich von Manzell die Fesseln gelöst wurden, welche das Flugschiff mit einem Floß verbanden. Durch verschiedene Ursachen hatte es nach dem Abwiegen an Auftrieb über das gewollte Maß zugenommen, weshalb es sich bis zu einer Höhe von über 450 m über den See erhob. Als die Schrauben in Gang gesetzt waren, lief das Fahrzeug schnell gegen den Wind an. Um den weiten oberen Teil des Sees zu erreichen, nahm ich die Richtung nach Südost, wodurch die Fahrt quer zur Bewegung der Luft ging. Da ich diese als schwach kannte, glaubte ich, meine Aufmerksamkeit eine Weile gefahrlos der noch nicht genügend erlernten Überwindung der Schwankungen in der Längsrichtung des Fahrzeugs zuwenden zu können. Doch sehr bald gewahrte ich, daß ich Friedrichshafen schon zu nahe gekommen war, um noch, ehe es erreicht werden mußte, auf den See niedergehen zu können. Es war mir entgangen, daß ich in der Höhe in eine sehr starke südwestliche Luftströmung eingetreten war. Ich lenkte nun wieder dem See zu; aber nur solange die Richtung des Flugschiffs dem Winde gerade entgegen war, blieb das Flugschiff fast unbeweglich über derselben Stelle des Erdbodens stehen. Diese Momente ließen sich nicht festhalten, weil mir noch die dazu erforderliche Übung fehlte und ich daher stets nach der einen oder anderen Seite überschwenkte. Hätte ich mich noch über dem See befunden, so würde ich in die untere schwache Luftströmung hinuntergestiegen sein, in welcher ich mich beliebig bewegen konnte. Über Land wagte ich das nicht, weil ich noch keine genügende Erfahrung in der Anwendung der Mittel besitze, um die eingeleitete Bewegung wieder zu stoppen, bevor die Erde getroffen wird.

Abb. 14. LZ. 2

Während der Steuermanöver traten nun mehrere kleine Störungen ein, welche zu vorübergehender Stoppung des einen und dann auch des anderen Motors genötigt hatten; auch versagte ein Steuer den Dienst.

Unter diesen Umständen mußte ich mich zur Landung entschließen, und zwar — wiederum wegen mangelnder Erfahrung — ohne Anwendung von Maschinenkraft. Die Landung vollzog sich, obgleich der Anker in dem gefrorenen Boden nicht faßte — wie ich es immer vorausgesagt hatte —, durchaus sanft und ohne die geringste Beschädigung des Fahrzeugs. Wäre sie an einem zur Empfangnahme und Bergung desselben vorbereiteten Platze erfolgt, so würden auch die später durch den Sturm zugefügten schweren Beschädigungen nicht eingetreten sein."

Nach diesem Unglück schien zunächst alle Hoffnung verloren, und der Verfasser selbst mußte dasselbe nach seinen damaligen Erfahrungen als einen gewissermaßen „normalen" Verlauf ansehen; es gibt aber ein anschauliches Bild von den Schwierigkeiten und Gefahren einer solchen Unternehmung.

DER LZ. 3

Niemals hat sich die Standhaftigkeit des Grafen in einem helleren Lichte gezeigt als bei diesem Verlust. Wohl war er zuerst etwas entmutigt, aber nachdem er erfuhr, daß sein Schiff eine Weile einem Wind standgehalten hatte, der nach den Messungen einer Beobachtungsstelle in der Nähe eine Geschwindigkeit von 15 m in der Sekunde gehabt hatte, da faßte er neuen Mut und baute unter Verwendung der noch brauchbaren Teile des Z. 2 das dritte Schiff, den Z. 3.

An diesem waren zum erstenmal genügende Dämpfungsflächen angebracht, und so wurde der Graf dann, als das Schiff am 9. und 10. Oktober 1906 seine ersten Versuchsfahrten machte, für alle Mühe und Opfer mit einem schönen Erfolg belohnt: das Schiff war gut lenkbar und hielt ordentlich Kurs. Zum erstenmal konnte eine wirkliche Höchstgeschwindigkeit erreicht und gemessen werden: es waren 14—15 m die Sekunde. Das

Abb. 15. LZ. 3 und die Reichshalle

Volumen betrug 11 400 cbm, ein wenig größer als das vorige. Das entscheidend Neue aber waren die großen Dämpfungsflächen am Hinterteil, die das Abweichen vom Kurs verhinderten.

Im allgemeinen ist diese äußere Form für die ganze weitere Entwicklung maßgebend geblieben. Bei späteren Änderungen wurden die Höhensteuer hinauf hinter die Dämpfungsflächen verlegt und mit den Seitensteuern mehrfach herumexperimentiert, ohne prinzipiell die Anordnung zu verändern.

Nunmehr konnte das Schiff endlich wirklich fahren, und fortan bestand die größte und schwierigste Aufgabe darin, dem mächtigen Apparat die erforderliche Betriebssicherheit zu geben und die vielen Motorstörungen, Steuerversager und ähnliches völlig zu beseitigen.

Nachdem die Lenkbarkeit des Schiffes erwiesen war und auch seine Geschwindigkeit den damaligen Ansprüchen genügte, erhielt Zeppelin nunmehr auch die Unterstützung des Reichs. An Stelle der auf das Land übertragenen unzulänglichen alten Ballonhalle wurde eine neue schwimmende „Reichshalle" erbaut. Gleichzeitig wurde ihm eine zweite Lotterie bewilligt. Mit dem Schiff Nr. 3 wurden im September und Oktober 1907, nachdem die Reichshalle in Benutzung genommen werden konnte, eine Anzahl wohlgelungener Fahrten gemacht, die in erster Linie der Ausbildung des Personals dienten. Eine Geschwindigkeit von 15 m/sec wurde erreicht und am 30. September zum erstenmal eine längere, achtstündige Fahrt über Land ausgeführt von Manzell bis Ravensburg und zurück.

Ein wichtiges technisches Ergebnis war auch das Gelingen einer dynamisch auf dem Spiegel des Bodensees ausgeführten Zwischenlandung, wenn auch solche Manöver nur bei sehr ruhigem Wetter ausführbar sind, sofern nicht ausgiebige Unterstützung auf einem vorbereiteten Platz vorhanden ist.

Das Ergebnis des Jahres 1907 war für Zeppelin überaus günstig. Er hatte mit Hilfe der Reichsunterstützung sein System ausbauen, wichtige Erfahrungen sammeln und, was besonders wichtig war, sich eine Ballonmannschaft ausbilden können; im Jahre 1908 konnte er darangehen, die Leistungsfähigkeit seines Systems dem großen Publikum zu zeigen.

Abb. 16. LZ. 3

Hierbei kam ihm besonders zustatten, daß sein Luftschiff von vornherein für größere Leistungen berechnet war. Seine bisherigen Fahrten, die auf dem Bodensee und in dessen Nähe stattfanden, waren nur einem kleinen Teil der Bevölkerung sichtbar geworden. Als er nun mit seinen großen Fahrten in der breitesten Öffentlichkeit hervortrat, da vermochte er einen überwältigenden Eindruck zu erzielen, wozu auch die Größe seines Schiffes wesentlich beitrug.

Das wichtigste Ereignis des Jahres war aber, daß der Reichstag die Mittel bewilligte, um dem Grafen zwei Schiffe zu bestellen.

Freilich war ihm das Schicksal am Bodensee nicht hold. Ein heftiger Sturm brachte die schwimmende Reichshalle im Dezember zum Sinken, wobei der darin befindliche Z. 3 stark beschädigt wurde. Er war somit auf die erste aufs Land übertragene Halle angewiesen.

DER LZ. 4 UND SEINE SCHWEIZER-FAHRT

So schritt denn Zeppelin zum Bau des Z. 4. Das Schiff sollte ein Volumen von 15 000 cbm, eine Länge von 136 m und einen Durchmesser von 13 m haben. Es besaß zwei Motoren von je 104 P. S. Mit einem Erstreckungsverhältnis des Durchmessers zur Länge von 1 : 10,5 war es ganz ungewöhnlich schlank. Man hat heutzutage erkannt, daß dieses Verhältnis nicht das vorteilhafteste ist, weil die Luftreibung an dem dünnen Rumpf zu groß ist; man muß die Schiffe gedrungener bauen.

Als Neuheit besaß das Schiff zwei Seitensteuer, eins am Heck und eins ganz vorn am Bug. Diese Einrichtung bewährte sich aber nicht, vielmehr mußte auf die bisher benutzte Anordnung zurückgegriffen werden, bei welcher die Seitensteuer zwischen den großen horizontalen Dämpfungsflächen eingebaut waren. In dieser Form war das Schiff gut fahrfähig.

Eine recht merkwürdige Neuerung war ein vertikaler Schacht, der von der Führergondel an die Oberseite des Schiffs führte, wo eine kleine Plattform eingerichtet war. Von dort sollten bei großen Fahrten astronomische Beobachtungen gemacht, auch sollten bei militärischen Operationen Maschinengewehre aufgestellt werden. Im Weltkriege haben diese Maschinengewehrstände auf dem Rücken des Ballons bei allen Schiffen Verwendung gefunden.

Nun bereitete sich Zeppelin auf eine große Dauerfahrt vor. Von Anfang an hatte er betont, daß seine Schiffe für mehrtägige Fahrten bestimmt seien, und auf sein Anerbieten hatten die deutschen Behörden eine 24 stündige Dauerfahrt als Abnahmebedingung festgesetzt. Aber die Entwicklung des Benzinmotors war noch nicht so weit vorgeschritten, daß eine so schwere Anforderung erfüllt werden konnte. Der Automobilmotor wurde hauptsächlich bei den Rennen gezüchtet, bei denen die Wagen 4—6 Stunden in Tätigkeit blieben, und für eine solche Dauer reichten sie aus. Das genügte vollständig für das Automobil, weil der Wagen, abgesehen von Rennen, selten mit voller Kraftleistung fährt. Im Luftschiff aber ist der Motor dauernd hoch belastet, und da es an der erforderlichen Kraftreserve fehlte— denn auch mit voller Leistung war die Geschwindigkeit nur gering—, so mußten die Motoren dauernd mit Voll-Last arbeiten.

Solange die Fahrten eine Dauer von 6 bis 8 Stunden nicht wesentlich überschritten, mochte es gehen; bei einer Dauerleistung von 24 Stunden gab es erhebliche Anstände. Um hierfür die volle Betriebssicherheit zu erzielen, wären lange und schwere Dauerproben nötig gewesen. Dazu fehlte die Zeit. Vielleicht war man sich auch über die Verhältnisse nicht völlig klar; kurz: Zeppelin, der stürmische Draufgänger, wagte die Fahrt.

Zunächst unternahm er am 1. Juli eine Versuchsfahrt in die Schweiz, die von großer Bedeutung für die weitere Entwicklung werden sollte.

Über diese Schweizer Fahrt möchte ich einem Teilnehmer, dem bekannten Professor Hergesell, das Wort lassen. Ich gebe die Beschreibung nach der Luftfahrtnummer der „Kriegerzeitung":

„Es war ein herrlicher Morgen, als wir an jenem denkwürdigen Tag in der Geschichte der Luftschiffahrt, dem 1. Juli 1908, auf dem kleinen Motorboot „Württemberg", einem mir wohlbekannten Schiffchen für Drachenaufstiege, nach der schwimmenden Halle in Manzell hinausfuhren. Dort harrte unser bereits das durch den Oberingenieur Dürr wohlabgewogene Luftschiff; schnell nahmen wir unsere Plätze in der vorderen Gondel an Stelle der bei der Abwägung notwendigen Ersatzleute. Dort waren wir im ganzen acht: der Graf, meine Wenigkeit, zwei Obersteuerleute, ehemalige Angehörige der Kaiserlichen Marine, und drei Maschinisten.

In 7 Minuten war das Schiff aus der Halle, schwenkte backbord und nahm Kurs auf Konstanz, das wir in kaum 20 Minuten erreichten und unter dem Jubel der Bevölkerung überflogen; bald ging es in den herrlichen Untersee hinein, und unter uns lagen jene reichen Gefilde ältester Kultur, die so oft der Geschichte als Schauplatz gedient hatten.

Zu unserer Rechten erstreckte sich die sonnige Reichenau mit ihren reichen Dörfern und Klöstern, und vor uns lagen die grünschim-

Abb. 17. LZ. 4 am Bodensee

mernden Uferberge des Rheins, auf ihnen Schlösser und Weiler, wie Arenaberg, die Jugendstätte Napoleons III., im Hintergrund; endlich erhob sich drohend und trotzig der stolze Felsklotz des Hohentwiel, die Wohnstätte Hadwigs, der stolzen Herzogin von Schwaben, und Praxedis, der anmutigen Griechin.

Nicht lange Zeit jedoch blieb zum Beobachten; mit fast 50 km Stundengeschwindigkeit durchzogen wir die Gegend, wir traten in das sich immer mehr verengende Rheintal, und nun begann der schwierige und interessante Teil der Fahrt, der Navigation des Luftschiffs in engen Gebirgstälern. Hierin Erfahrungen zu sammeln war eine der Hauptaufgaben unserer Reise.

Nach Passieren des romantischen Städtchens Stein am Rhein verließen wir auf kurze Zeit das Rheintal, weil wir den sogenannten Schlattenberg, den der Rhein auf der Nordseite umfließt, im Süden umfahren wollten. Hier machten wir bereits die ersten Erfahrungen von hebenden, vertikalen Luftströmen; doch gelang es uns mit Hilfe unserer Höhensteuer spielend, trotz dieser störenden Kräfte, das Schiff in der gewollten Höhe zu halten.

Schaffhausen! Schon liegt die alte Schweizerstadt mit ihren engen Gassen und hochgiebligen Häusern zu unseren Füßen. Wie die Menschen laufen und sich sammeln! Die Dörfer sind schwarz von winkenden hurrarufenden Leuten. Aber schon erfüllt ein neues Bild das Auge, ein neuer Lärm das Ohr; wir ziehen gerade über dem tosenden Wasserfall von Schaffhausen hin. In nur 100 m Höhe können wir die grandiose Naturerscheinung gemächlich bewundern.

Wir folgen weiter dem Rhein mit seinen vielen Windungen bis zur Einmündung der Thur; dann schwenken wir rechts in das gebirgige Terrain der Schweiz. Ein Stück nach

Südosten, dann steuerbord in Richtung auf Baden im Limmattal. Überall fliegen wir über jubelnde Ortschaften; allenthalben sendet uns die Schweiz einen neidlosen Festgruß.

Doch das schlängelnde Fliegen in den Tälern wird zu lang; wir sehen, wie vor uns die Eisenbahn stracks in einem Tunnel den Berg durchbricht. Das können wir auch, wenn auch in anderer Weise. Die Höhensteuer werden gezogen, und langsam und majestätisch klimmt unser Fahrzeug in schiefer Ebene den Burlacher Berg hinauf, wohlgemerkt ohne jeden Ballastwurf. Wir überfliegen das Bergplateau in etwa 550 m Höhe, um uns hernach wieder auf die Höhe des Tunnelausgangs mit dem Höhensteuer herabzudrücken. Um 12 Uhr 12 Minuten erreichen wir Baden und gelangen nunmehr in das Tal der Reuß, das wir mit etwa 55 Stundenkilometern rasch durchfliegen. Kurz nach Mittag erscheinen vor uns die blauen Flächen des Vierwaldstätter Sees, erheben sich vor uns die Bergklötze des Pilatus und des Rigi; dahinter erblicken die entzückten Augen die Schneeflächen der Riesen des Berner Oberlandes. Bald sind wir über Luzern, und nun liegt der vielbuchtige See der vier Waldstätten zu unseren Füßen. Die Fahrt geht mitten über den See, den Pilatus entlang, bald sind wir über dem sogenannten Kreuz; unter uns durchfurchen die weißen Dampfer den See, bedeckt mit jubelnden und schreienden Menschen. Die Straßen, der Promenadenkai vor dem ‚Schweizer Hof‘, alles ist schwarz wie von wimmelnden Ameisen. Wir wenden jetzt scharf nach links auf Küßnacht zu, hier wollen wir über die Paßhöhe zum Zuger See.

Während die Fahrt bisher mit oder wenigstens nicht gegen die allgemeine Windrichtung gegangen war, beginnt von jetzt ab das Manövrieren gegen den Wind, was wir sofort bemerken, als wir die Paßhöhe von Küßnacht, auch für uns eine enge Gasse, überschreiten. Bald sind wir über dem Zuger See, dessen hellblaue Wasserfarbe im Vergleich zu den dunkeln Wassermassen des Vierwaldstätter Sees besonders auffällt. Wir wenden uns südwärts zur Enge von Rotenbach, wo der breite See sich auf weniger als einen Kilometer verengt. In dem engen Felsenpaß drängen sich die Stromfäden des Windes derart zusammen, daß wir kaum mit einem Meter Geschwindigkeit vorwärtskommen. Wir müssen also mindestens gegen 14 m Wind in der Sekunde ankämpfen. Doch das Felsentor hat nur geringe Länge; bald sind wir im breiten, südlichen Teil des Sees, und in flotter Fahrt geht es auf Zug zu. Wir wollen zum Züricher See hinüber und müssen den vorliegenden, 830 m hohen Felsrücken von Horgen, den die Gotthardbahn in langem Tunnel durchbricht, überfliegen, und das gegen einen ziemlich lebhaften Nordostwind, der, wie uns die Messungen der Züricher Zentralstation später zeigten, auf dem See mit etwa 6 m, über dem Paß aber viel stärker strömte, wie uns die eigenen Erfahrungen lehrten.

Die Höhensteuer werden gezogen, willig gehorcht das Schiff, und wir fliegen schräg nach oben der Paßhöhe zu. Aber der Paß von Horgen wird durch einen hohen, tafelförmigen Berg eingeengt mit einem tiefen Tal an der linken Seite, durch das wir empor müssen. Hier in der Talenge flossen nach dynamischen Gesetzen die Luftmassen mit größerer Geschwindigkeit, noch dazu mit Richtung nach unten, und suchten das Aufsteigen des Schiffes zu hemmen. An einzelnen, besonders engen Stellen wurden wir tatsächlich zurückgetrieben, ein Beweis, daß wir zeitweise gegen einen Wind von mehr als 15 Metersekunden anfuhren. Dann mußten wir andere Teile des Paßübergangs durch unsere Seitensteuerung suchen, wo wir einen gewissen Windschatten vermuten konnten. Bei diesen Drehungen und Abtriften war das Tal mitunter so eng, daß wir fürchteten, in

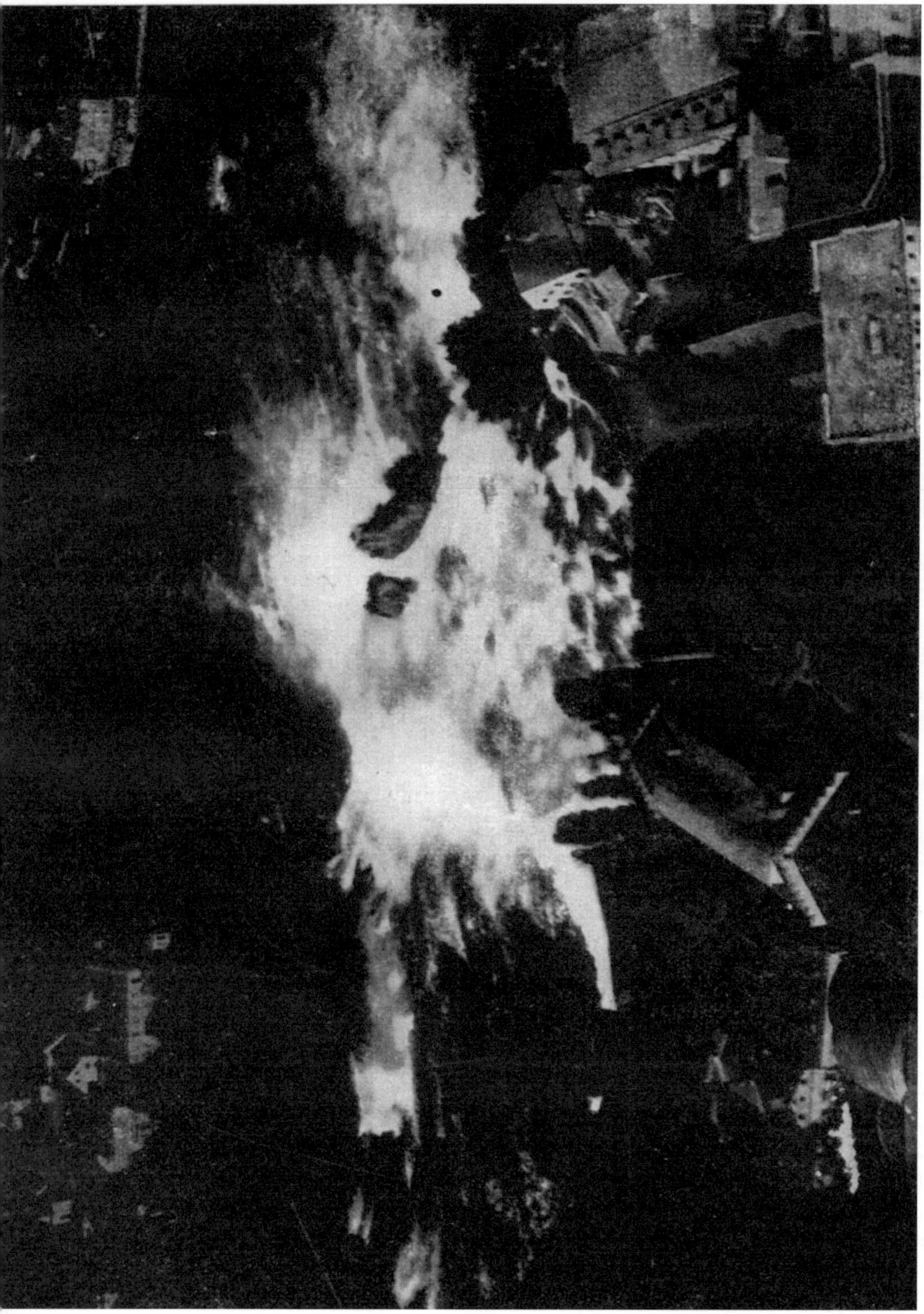

Abb. 18. Der Rheinfall von Schaffhausen

Abb. 19. Zürich

den Kurven mit dem Heck an den Berglehnen anzustreifen. Hier zeigten die Höhen- und Seitensteuer ihre hervorragenden Eigenschaften. Trotz des absteigenden Luftstromes drückten wir das in allen Fugen zitternde Schiff empor, uns allmählich aber sicher dem Ziele nähernd.

Endlich, um 1 Uhr 50 Minuten, befanden wir uns über der Paßhöhe, 840 m hoch. Mit einem Schlag tat sich hier ein anderes herrliches Bild auf. Vor uns lag in seiner ganzen Längenausdehnung der Züricher See, links das Züricher Becken, rechts die Rapperswiler Bucht in hellem Sonnenschein, der von dem großen Seespiegel sanft reflektiert wurde.

Ebenso mühsam wie der Aufstieg war aber der Abstieg. Noch immer strömte die Luft mit 13—14 m gegen uns an, und nur allmählich gelangten wir in eine ruhigere Strömung. Um 2 Uhr 15 Minuten schwebten wir nur etwas über 400 m hoch den See entlang, Zürich entgegen. Eine volle Stunde hatten wir zur Überwindung des Passes gebraucht und doch ist Horgen von Zug nur etwa 15 km entfernt.

In wundervollem Aufbau an den Berglehnen, überragt von dem dunklen Rücken des Ütliberges, lag die bedeutendste Stadt der Schweiz zu unseren Füßen. Möglichst niedrig überflogen wir das Häusermeer, das wie überall von jubelnden Menschen bedeckt war. Sofort stockte der Verkehr, in dunkeln Haufen standen auf allen Straßen die Menschen mit emporgereckten Köpfen und Armen. Wir erwiderten nach Möglichkeit den hell-stimmigen Gruß der Stadt durch Tücherschwenken und Abwerfen von Postkarten.

Doch bald mußten wir weiter. Die ursprünglich beabsichtigte Fahrt nach dem Walensee und in das Rheintal mußten wir leider aufgeben. Denn dort stand eine Gewitterwand, die aufzusuchen nicht ratsam schien. Wir wandten uns deshalb nordwärts Winterthur zu, über die reizenden Waldgebirge des Thurgaus weg, beständig gegen einen Wind von 6 m in der

Sekunde ankämpfend. Etwas vor 4 Uhr war Winterthur erreicht, nach 5 Uhr Frauenfeld, wo wir mit den Offizieren der dortigen Artillerieschule Grüße austauschten.

Um 5 Uhr 30 Minuten erblickten wir wieder die weite Fläche des Bodensees. Hell erschien in der Abendsonne die Heimstätte unseres Luftschiffes, die gewaltige Reichshalle. Aber noch konnten wir nicht zu ihr heimkehren; es galt, unser Versprechen einzulösen und Rorschach und das Rheintal zu besuchen. Nach 7 Uhr passierten wir die Rheinmündung, und um 8 Uhr 26 Minuten ließ sich das tapfere Schiff vor seiner Halle auf die Wasserfläche nieder, genau 12 Stunden nach dem Aufstieg."

In 12 Stunden waren etwa 340 km zurückgelegt, und der Triumph war groß.

Den größten Vertrauensbeweis erhielt aber Zeppelin am 3. Juli, indem das württembergische Königspaar eine Fahrt mit dem Schiff unternahm.

DIE GROSSE DAUERFAHRT DES LZ. 4 UND DIE KATASTROPHE VON ECHTERDINGEN

Am 14. Juli wurde dann ein Versuch gemacht, die Dauerfahrt zu unternehmen, der indessen mißlang, da an einem Motor die Kühlwasserschraube brach. Am 15. Juli sollte der Versuch wiederholt werden, doch wurde das Schiff beim Herausbringen aus der Halle beschädigt. Endlich am 4. August war es so weit, daß die Fahrt unternommen werden konnte. Sie sollte über Basel rheinabwärts bis Mainz und zurück gehen und zunächst schien alles herrlich zu glücken. Um 6 Uhr 10 Minuten vormittags startete das Schiff in Manzell, um 9 Uhr 30 Minuten war es in Basel, um 12 Uhr 30 Minuten in Straßburg, um 2 Uhr 5 Minuten wurde Speyer passiert, um 4 Uhr 30 Minuten Darmstadt.

Da versagte am vorderen Motor die Ölung, der Motor erhitzte sich übermäßig, und das Schiff war zu einer Zwischenlandung auf dem Rhein bei Nierstein in der Nähe von Oppenheim gezwungen.

Wer es damals nicht miterlebt hat, wird sich schwer einen Begriff von dem Enthusiasmus machen, der die Bevölkerung beim Anblick des schönen Luftschiffs ergriff. Festschießen, Glockengeläute, Musik, unendlicher Jubel begrüßten sein Erscheinen; was man so lange für unmöglich, für Schwindel gehalten hatte, das erwies sich als gegenwärtige Wahrheit, und nicht nur am Rhein, wo man das Schiff direkt sah: in ganz Deutschland herrschte die gleiche Begeisterung. Am Abend wurde das Schiff noch von den drei Schwestern des Kaisers besucht und fuhr um 11 Uhr 25 Minuten nach Mainz weiter. Dort wurde geschwenkt und Kurs nach Süden genommen; aber in der Nähe von Mannheim versagte der widerspenstige vordere Motor zum zweiten Male. Trotzdem wurde um 6 Uhr 23 Minuten Stuttgart erreicht. Hier kam das Luftschiff aber mit einem Motor gegen den Wind nicht mehr genügend vorwärts; auch war durch die große Hitze des vorigen Tages ein erheblicher Gasverlust eingetreten und der Auftrieb ließ sehr zu wünschen übrig. Graf Zeppelin war daher zu einer Landung gezwungen, um den schadhaften Motor auszubessern. Das Lager einer Pleuelstange war ausgeschmolzen, und die Nähe der Daimlerwerke in Cannstadt bot zur Instandsetzung günstige Gelegenheit. Außerdem sollte Wasserstoff nachgefüllt werden. ·

27

Die Landung vollzog sich glatt ohne Beschädigung bei dem Dorfe Echterdingen. Freilich hatte man den besten Teil des Ankergerätes bei Oppenheim zurücklassen müssen, um freizukommen. Der Ballon wurde nun durch einen vorwärts ausgelegten Kettenanker und durch einen in die Erde eingegrabenen Wasseranker (einen großen Sack) und noch durch Seile an eingeschlagenen Pfählen festgelegt. Aus Stuttgart wurden Soldaten zum Halten geholt, und so hielt sich das Luftschiff gut bis gegen 3 Uhr nachmittags. Um diese Zeit setzte aber plötzlich eine heftige Gewitterbö ein, die das Schiff unglücklicherweise breitseits traf.

Ein Augenzeuge berichtet hierüber:

„Das Schiff stand, die Spitze gegen Süden zeigend, genau in der Nord—Süd-Richtung. An der vorderen Gondel befanden sich zwei Unteroffiziere und 25 Mann zum Halten, während an den Tauen 1 Unteroffizier und 12 Mann hielten. Die hintere Gondel, die sich in den Wind einstellen konnte, hatte zum Halten dieselbe Mannschaftszahl. Letztere wurde jedoch kurz vor dem Hereinbrechen des Sturmes verdoppelt.

Etwa zehn Minuten vor 3 Uhr setzte plötzlich aus westlicher Richtung, senkrecht zur Breitseite des Ballons, eine ungeheure Bö ein, die mit einem Ruck das Hinterteil des Ballons emporschnellte, die Mannschaften wegschleudernd oder hochhebend. Diese sprangen ebenso wie kurz darauf jene der vorderen Gondel aus zum Teil recht beträchtlichen Höhen ab, nachdem sie eine mehr oder weniger lange Strecke mitgeflogen waren. Hierbei wurde einer der Maschinisten tödlich verletzt. Der Ballon flog zunächst in östlicher Richtung weiter, stieg bis in eine Höhe von 150 m, verfing sich etwa 1 km weit vom Ankerplatz mit der Spitze in eine Baumreihe und hier ging er in Flammen auf."

Und weiter berichtet mein Gewährsmann:

„Es ließ sich bei scharfer Betrachtung auf der rechten äußeren Seite entlang eine Stichflamme mit darauffolgendem kanonenschlagartigen Krach wahrnehmen, begleitet von einer schwarzen Rauchwolke, welche sofort den unteren Teil des Ballons einhüllte. Diese Erscheinung dauerte etwas länger, sie nahm sich wie das Abbrennen von größeren Mengen feinen Schwarzpulvers aus und hatte ein deutlich wahrnehmbares Aufrichten des hinteren Teiles zur Folge; der Ballon schien noch einmal frei zu schweben, um, noch im Scheiden groß, in diesem schauerlichen Spiel des Schicksals langsam sich seine letzte Ruhestätte auszuwählen.

Abgesehen von den zwei Monteuren, von welcher einer die Geistesgegenwart hatte, durch den Verbindungsgang zu eilen, um das Ventil zu ziehen, befand sich im vorderen Teile des Ballons an den großen Wassersäcken ein Grenadier beschäftigt. Dieser Grenadier Heinlein der 9. Kompanie wurde die Flucht erst gewahr, als der Ballon flog. Er schnitt sich in die Hülle ein Loch und sah die Menge immer kleiner werden. Durch Höherklettern kam er bis dicht unter die Gashülle, wo er sich abermals ein Loch schnitt, um sich jetzt an den Seitensteuerstangen festzuhalten. Als er einen zweiten Fahrtgenossen gewahrte, rief er diesem zu, er möge doch den Anker hereinholen. Zuvor hatte ihn der Fahrtgenosse von der freudigen Tatsache, daß sie zu dritt seien, in Kenntnis gesetzt. Als der Ballon in die Bäume geriet, fühlte der Grenadier, wie plötzlich alle Stangen immer heißer wurden und diese hinter ihm und bald um ihn brannten. Mit der Seitensteuerung fiel der tapfere Mann dann bewußtlos zu Boden. Er hatte noch die Erinnerung, wie an einem steilen Berge abgerutscht zu sein. Seine Verletzungen waren verhältnismäßig geringe."

Abb. 20. Straßburg

Abb. 21. LZ. 4, Landung in Oppenheim

Als der Graf Zeppelin, der sich nach Stuttgart begeben hatte, kurz nachher auf dem Platz wieder eintraf, fand er sein Schiff als rauchenden Trümmerhaufen vor.

Das technische Ergebnis war also folgendes: Durch das Versagen eines Motors, der sich heißgelaufen hatte, weil die Ölung schadhaft geworden, war das Schiff nicht mehr imstande, gegen den Wind 'anzukämpfen; es mußte daher zur Landung geschritten werden. Diese Landung gelang gut, doch war gegenüber der später einsetzenden heftigen Bö die Verankerung unzureichend, und das Schiff riß ab. Danach geriet es beim Stranden in Brand; es erfolgte zunächst eine Knallgasexplosion, und der Rest des Schiffes verbrannte mit ruhiger Flamme. Die Ursache dieses Brandes lag nicht in einer Unvorsichtigkeit der Bedienung, auch nicht bei den Motoren — diese waren seit neun Stunden außer Betrieb und mußten also kalt geworden sein, — sondern voraussichtlich in einem elektrischen Funken, der im Gerippe an einer Stelle übersprang, wo sich Knallgas befand. Vielleicht war beim Losreißen des Schiffes eine Zelle beschädigt worden, so daß Gas massenhaft ausströmte. Der Funke aber kam höchstwahrscheinlich dadurch zustande, daß der Schleppanker die atmosphärische Elektrizität, mit der das Schiff gesättigt war, bei seinem Aufsetzen zum Boden ableitete; in diesem Moment sprangen die Funken über. An so heißen Tagen wie der damalige ist das Spannungsgefälle in der Luft nach oben hin sehr bedeutend. Bei seinem Aufstieg auf 150 m nahm das Schiff die Spannung der umgebenden Luft an und berührte mit einer großen Potentialdifferenz den Boden. Zur Zündung des Knallgases reicht aber ein minimaler Funke aus, und so ging das Schiff durch diesen unglücklichen Zufall zugrunde.

Wäre das Versagen des einen Motors nicht eingetreten, so hätte man, wohl mit Schwierigkeiten, Friedrichshafen erreicht. Daß der Ballon trotz der Hitze, die er am Vortag überstanden hatte, mit der darauffolgenden nächtlichen Abkühlung und trotz des Verlustes der Zwischenlandung noch schwimmfähig erhalten werden konnte, war eine gute Leistung. Nach Friedrichshafen

Abb. 22. Zeppelin auf seinem Schiff

wären, der damaligen Reisegeschwindigkeit nach gerechnet, noch etwa vier Stunden Fahrzeit gewesen.

DIE NATIONAL-FLUGSPENDE

Und nun geschah etwas Erstaunliches. Ganz Deutschland, groß und klein, arm und reich, wurde von einer Begeisterung zu helfen ergriffen. Die Fahrt wurde als eine nationale Tat gefeiert und überall wurden Sammlungen eingeleitet, um dem Grafen den Wiederaufbau seines Schiffes zu ermöglichen. So richtete der deutsche Luftfahrerverband folgenden Aufruf an die Öffentlichkeit:

„Graf von Zeppelin, das Ehrenmitglied unserer deutschen Luftschiffervereine, hat in epochemachender Weise am 4. und 5. August dargetan, was wir von den Leistungen von Luftschiffen seiner Konstruktion erwarten dürfen.

Durch Schäden eines Motors zweimal zu Landungen gezwungen, die an sich glatt verlaufen sind und uns damit ebenfalls um neue wertvolle Erfahrungen bereichert haben, lag es nicht an der Erfindung unseres greisen, hartgeprüften Vorkämpfers der Luftschiffahrt, wenn das Luftschiff durch elementare Gewalten bei Echterdingen zerstört worden ist.

Wir fordern hiermit öffentlich alle auf, welche von den gleichen Gefühlen schuldigen nationalen Dankes für den Grafen Zeppelin erfüllt sind, sich an einer großen Volksspende für den Wiederaufbau Zeppelinscher Luftschiffe und für die baldige Fortsetzung der Versuche des Grafen von Zeppelin zu beteiligen."

Ähnliche Kundgebungen fanden in ganz Deutschland statt, in allen großen und kleinen Städten und auf dem platten Lande. Es war nach langer Zeit wieder einmal die nationale Tat eines selbständigen, kühnen Mannes, die alle Herzen mitriß und erfrischte, weil sie außerhalb der Linie des Langweiligen und Offiziellen lag, das wie ein Alp auf allen freiheitlichen Bestrebungen lastete. Die Bewegung war spontan und ergab in kurzer Zeit das kaum glaubliche Sammelergebnis von 6 140 000 Mark.

Somit war die Lage für Zeppelin grundlegend verändert; diese große Summe, welche ihm vollkommen unbeschränkt zur Verfügung gestellt war, verschaffte ihm eine Überlegenheit über alle seine Konkurrenten, die sich auch unter seinen Nachfolgern die Zeppelin-bau-Gesellschaft bis auf den heutigen Tag zu bewahren gewußt hat.

Dieses große Geschenk ward keinem Unwürdigen zuteil: Graf Zeppelin hat sich nicht daran bereichert. Er verwendete die Summen zur Erbauung einer Werft, zur Fortsetzung seiner Fahrversuche und für wissenschaftliche Versuche in einem im Friedrichshafen erbauten Laboratorium.

Die Ehrungen, welche dem Grafen nach seiner großen Fahrt zuteil wurden, waren überaus zahlreich und großartig. Nachdem er schon im Jahre 1906 Ehrendoktor der Technischen Hochschule in Dresden geworden war, wurde er nun auch noch Ehrendoktor der Universitäten Tübingen und Heidelberg; er wurde Ehrenbürger u. a. von Konstanz, Ulm, Friedrichshafen, Stuttgart und München. Er erhielt den Schwarzen Adlerorden sowie die höchsten Orden Württembergs, Sachsens und anderer Staaten. Eine große Zahl von Abordnungen und Vereinen besuchten ihn in den nächsten beiden Jahren, um ihm ihre Huldigungen darzubringen. Besonders glänzend gestaltete sich die Fahrt der Tübinger Studenten nach Friedrichshafen, bei der dem Grafen unter dem Jubel von 700 Studenten durch die Vertreter der Universität das Ehrendoktordiplom überreicht wurde.

Die Arbeiten wurden aber hierdurch nicht aufgehalten und noch im Jahre 1907 konnten neue Fahrten stattfinden.

FERNFAHRTEN NACH MÜNCHEN UND BERLIN

Der Unfall von Echterdingen hätte einem anderen wohl Grund zum Nachdenken gegeben und ihn veranlaßt, die Fernfahrten einzuschränken. Das lag aber nicht in Zeppelins Charakter. Er setzte die Politik der großen Fernfahrten fort. Je weiter aber ein Schiff sich von seinem Hafen entfernt, um so nötiger braucht es eine gewisse Überlegenheit über den Wind, und diese Überlegenheit war noch nicht in genügendem Maße vorhanden. In der Höhe ist die mittlere Windgeschwindigkeit über Deutschland gegen 10 m. Die Schiffe besaßen damals eine Geschwindigkeit von 13 bis 24 m. Sie konnten daher bei einer zwei bis drei Tage währenden Fahrt allzuleicht in Wetterlagen kommen, denen sie nicht gewachsen waren.

Zunächst wurde der beschädigte Z. 2 hervorgeholt und um eine Abteilung verlängert. In dieser Form war das Schiff gut stabil und machte im Oktober mehrere kürzere Fahrten, darunter eine mit dem Prinzen Heinrich als Passagier. Ein besonders gelungenes Stückchen war die Fahrt mit dem deutschen Kronprinzen zur Begrüßung des Kaisers, der am 7. November mit dem Sonderzug in Donaueschingen eintreffen sollte. Es gelang tatsächlich, dem ankommenden Zuge zu begegnen und den Souverän zu begrüßen. Der Ankauf des Schiffes durch das Reich war die Folge dieser gelungenen Überraschung.

Abb. 23. Unfall des LZ. 5 bei Göppingen

Die nächste größere Fahrt war ein Besuch Münchens mit einer Landung vor dem Prinzregenten von Bayern. Es gelang jedoch nicht, beim ersten Versuch München zu erreichen, vielmehr wurde das Schiff vom Wind abgetrieben und gezwungen, bei Loiching am Isartal eine Notlandung auszuführen und über Nacht an einer improvisierten Verankerung zu bleiben. Am folgenden Tage konnte, nachdem der Wind sich gelegt hatte, München erreicht werden, und nach einstündigem Aufenthalt glückte die Rückkehr nach Friedrichshafen.

Dann wurde das Schiff als LZ. I von der Militärverwaltung angekauft und ein neues Schiff, der Z. 5, in Dienst gestellt. Dasselbe unternahm zunächst eine Fahrt nach Berlin. Gegen einen recht lästigen Nordostwind gelangte es über Nürnberg, Leipzig und Halle nach Bitterfeld, mußte aber dort umkehren. Bei der Rückfahrt mußte man sich zu einer Landung bei Göppingen entschließen, um Benzin nachzufüllen. Hierbei geschah es, daß das Luftschiff infolge Erschöpfung der Steuerleute auf einen Baum auffuhr, wodurch seine Spitze eingedrückt und die vorderste Abteilung zerstört wurde.

Aber die Findigkeit der Ingenieure überwand, begünstigt durch das ruhige Wetter, auch diese Schwierigkeit. Man entfernte die zerbrochenen Teile, baute zur Entlastung den vordersten Motor aus und band den äußeren Überzug an der Spitze in einen Knoten zusammen. In diesem Zustande war das Schiff mit dem hinteren Motor noch fahrfähig und konnte seinen Heimathafen mit eigener Kraft erreichen. Mit Recht wurde hervorgehoben, daß ein anderes Luftschiffsystem dem Zeppelin so etwas nicht hätte nachmachen können.

Das nächste Schiff, der LZ. 6, war dem vorherigen sehr ähnlich; eine interessante Neuerung war der Versuch, die Übertragung der Kraft von den Motoren auf die Schrauben

Abb. 24. Graf Zeppelin als Luftschifführer

durch Stahlbänder analog den Treibriemen zu bewirken. Diese Einrichtung bewährte sich nicht, da das Luftschiff ein zu unstabiler Körper ist, während das Stahlband eine sehr starre Verbindung zwischen Motor und Schraubenwelle verlangt.

Der Besuch von Berlin, der ungeduldigen Reichshauptstadt wiederholt versprochen, fand endlich am 29. Juli statt unter solchen Hindernissen, wie sie wohl bei keiner anderen Fahrt zutage getreten sind. Zunächst sprang in der Nähe von Nürnberg ein Motorzylinder, da der Motor heißgelaufen war. Auf einer Zwischenlandung wurde der Schaden beseitigt, aber auf der Weiterfahrt wurde eine der vier Luftschrauben zerstört und fiel herab. Bei einer zweiten Landung in Bitterfeld bestieg Graf Zeppelin das Luftschiff und beschloß, nachdem Wasserstoff nachgefüllt war, die Fahrt mit den übrigen drei Schrauben fortzusetzen. So kam er am folgenden Tag in Berlin an. Der Empfang war enthusiastisch. Das Schiff fuhr über die verschiedenen Teile von Berlin und landete um 1 Uhr 52 Minuten auf dem Schießplatz von Tegel in Anwesenheit des Kaiserpaares, der Behörden und einer ungeheuren Menschenmenge. Der Bürgermeister Reicke von Berlin begrüßte den Grafen aufs herzlichste im Namen der Reichshauptstadt. Danach fuhr der Graf mit dem Kaiser zusammen zum Frühstück ins Schloß.

Aber trotz aller Ehrungen mag es dem Grafen doch unbehaglich genug zumute gewesen sein, da er sein Schiff in einem keineswegs vertrauenswürdigen Zustande wußte. Auch war die Reihe der Unfälle noch nicht erschöpft. Bei der Rückfahrt, die ohne den Grafen stattfand, flog ein weiterer Propeller auseinander und beschädigte die darüberliegende Gaszelle, daß sie auslief. Aufs neue mußte das Schiff zu einer Notlandung bei Bülzig in der Nähe von Wittenberg schreiten, und in einem dreitägigen Aufenthalt wurden die Schäden beseitigt. Die verletzte Zelle wurde geflickt und durch Ersatzteile aus Friedrichshafen die vier Propeller wiederhergestellt, wobei neben drei zweiflügligen ein älterer Propeller von drei

Abb. 25. Dr. Dürr, Direktor der Luftschiffbau-Werft

Flügeln eingebaut wurde. Schon am Abend des 1. September war das Schiff wieder fahrbereit und legte den Weg nach Friedrichshafen in 23 Stunden zurück. Gewiß war hier viel Wetterglück dabei; aber höchstes Lob verdient die Tatkraft und Umsicht der Fahringenieure, die das Unwahrscheinliche möglich gemacht und den Kampf mit den Elementen und der Tücke des Objekts siegreich bestanden haben.

Eine Anzahl weiterer Fahrten wurden von den in militärischen Besitz übergegangenen Schiffen ausgeführt. Die Ila (Internationale Luftschiffahrts-Ausstellung in Frankfurt a. M.) wurde besucht; auch nahmen die Schiffe an militärischen Übungen in Köln teil.

DIE MITARBEITER

Bei dieser Gelegenheit sei mir vergönnt, kurz derjenigen Männer zu gedenken, die als Mitarbeiter Zeppelins in vorderster Reihe stehen. In erster Linie ist da der Chefkonstrukteur, der Direktor der Luftschiffbauwerft, Dr. Dürr zu nennen, der als junger Mann bei Zeppelin eintrat und die ganze Entwicklung bis heute mitgemacht hat. Graf Zeppelin war selbst natürlich nicht in der Lage, die tausend Einzelheiten, die der Bau eines Luftschiffes erheischt, alle persönlich zu lösen. Von ihm rührt die erste kühne Idee her, auch an vielen Einzelheiten hat er persönlich mitgearbeitet. In der Hauptsache war er aber später

Abb. 26. Kommerzienrat Colsmann

der große Anreger und Organisator. Dr. Dürr war der ausführende Arm, durch den und unter dessen Leitung mit zahlreichen Hilfskräften die Pläne ausgearbeitet wurden, und wenn man bedenkt, in wie kurzer Zeit die Konstruktionen veralteten, wie immer neue Typen herausgebracht werden mußten, so erscheint die geleistete Arbeit in ihrer vollen Größe.

Die ganze Entwicklung der Zeppelin-Schiffe hat er in einer Schrift: „25 Jahre Zeppelin-Luftschiffbau" ausführlich dargestellt, die ein dauerndes Denkmal für seine Tätigkeit und für diese Schrift eine der wichtigsten Quellen ist.

Abb. 26 zeigt den Generaldirektor Colsmann, der den großen Zeppelinkonzern leitet. Der Gesellschaft hat sich nicht nur die Maybach-Motoren-Werke angegliedert, sondern auch ein Flugzeugwerk, die Dornier-Werke. Außerdem gehörten im Kriege noch die Luftschiffwerften bei Potsdam und Spandau, die Ballonhüllen-Gesellschaft und andere Werke zu der Vereinigung.

Als drittes Porträt gebe ich das Bild Dr. Eckeners. Dr. Eckener kam anfangs als streitbarer journalistischer Vertreter und Ballonführer zur Zeppelin-Gesellschaft. Er hat sich durch seine Energie auch in den technischen Teil der Aufgabe in staunenswertem Maße hineinge-

Abb. 27. Dr. Eckener

arbeitet und ist als Kommandant des Amerika-Luftschiffes weit berühmt geworden. Die Festigkeit und Umsicht, mit welcher er die Vorbereitungen zu dieser Fahrt leitete, haben ihre programmgemäße Durchführung ermöglicht. Er hat durch diesen Erfolg internationale Geltung erlangt und viel dazu beigetragen, die schlechte Stimmung der amerikanischen Bevölkerung für Deutschland zu verbessern.

GRÜNDUNG DER BAUWERFT FRIEDRICHSHAFEN

In das Jahr 1909 fällt auch ein wichtiges Ereignis, die Gründung der Bauwerft Friedrichshafen, die durch ein Preisausschreiben für den Bau der Ballonhalle eingeleitet wurde. Die Beteiligung hieran war außerordentlich groß und bewies aufs neue das lebhafte Interesse, das in Deutschland für das Werk Zeppelins vorhanden war. 68 Bewerber traten auf mit mehreren ausgezeichneten Entwürfen mit originellen Ideen. Die Halle sollte Raum für zwei Luftschiffe bieten und sollte eine lichte Breite von 43 m, eine Höhe von 20 m und eine Länge von 153 m haben. Heutzutage müßte man, um zwei Schiffe vom Typ des LZ. 126 unterzubringen, 70 m Breite, 35 m Höhe und 250 m Länge fordern!

Ein Hauptgewicht wurde hierbei auf die Höhe der Kostensumme, die Inanspruchnahme der geringsten Bodenfläche, die Erzielung des geringsten Luftraumes, die sichere und rasche Bedienung der Tore, die Möglichkeit des Landens der Luftschiffe im Windschatten der Halle, die Anpassungsfähigkeit der getroffenen Anordnungen an etwaige Änderungen des Betriebs gelegt.

Den ersten Preis erhielt eine Eisenhalle der Brückenbau A.-G. Flender in Benrath. Die Eisenbetonhallen waren im Preis etwas höher. Die schwierige Frage des Torverschlusses der Hallen wurde gelöst, doch blieb das Problem, wie die Luftschiffe sicher ein- und auszubringen wären — auch bei Querwind —, vorläufig offen. Die Halle in Friedrichshafen

Abb. 28. Bauwerft Friedrichshafen 1914

war zunächst als Montagehalle gedacht und brauchte daher in dieser Beziehung nicht hohen Anforderungen zu genügen. In Luftschiffhäfen, wo das Ein- und Aushallen täglich vorkommt, ist das Bedürfnis nach einer besseren Einrichtung noch nicht befriedigt. Hier hat später die Drehhalle der Siemens-Schuckert-Werke eine praktisch brauchbare Lösung gebracht.

DIE DELAG

Ein weiterer Markstein in der Entwicklung war die Gründung der Deutschen Luftschiffahrts-Aktiengesellschaft (Delag), an der sich der Zeppelinfonds mit 500000 Mark beteiligte. Die Gesellschaft sollte Passagierfahrten mit Zeppelin-Schiffen ausführen und zunächst zwei Schiffe erhalten, die bei 13—14 m Eigengeschwindigkeit 20 Personen befördern sollten. Als Zentralpunkte waren Friedrichshafen und Frankfurt a. M. gewählt, von wo Fahrten nach allen Teilen Deutschlands ausgeführt werden sollten. Da die Reisegeschwindigkeit der Schiffe bei vorsichtiger Berechnung damals nicht über 30 km/st betrug, so war die größte bei Tageshelle zurückzulegende Strecke etwa 350 km.

Die Gründung war ein Kind des damals herrschenden Enthusiasmus und des Zeppelinschen Optimismus. Damals war die Geschwindigkeit der Schiffe und auch ihre Betriebssicherheit für einen regelmäßigen Luftverkehr noch nicht ausreichend. Das hat sich auch alsbald gezeigt, zunächst an dem LZ. 5: Das Schiff wurde durch den Wind zu einer Notlandung bei Limburg gezwungen, vom Anker losgerissen und scheiterte bei Weilburg. Das erste Delag-Schiff, LZ. 2, die „Deutschland", mußte we-

Abb. 29. Die „Schwaben"

38

Abb. 30. Fahrgastkabine der „Schwaben“. Türkische Studienkommission

Abb. 31. Die „Sachsen“

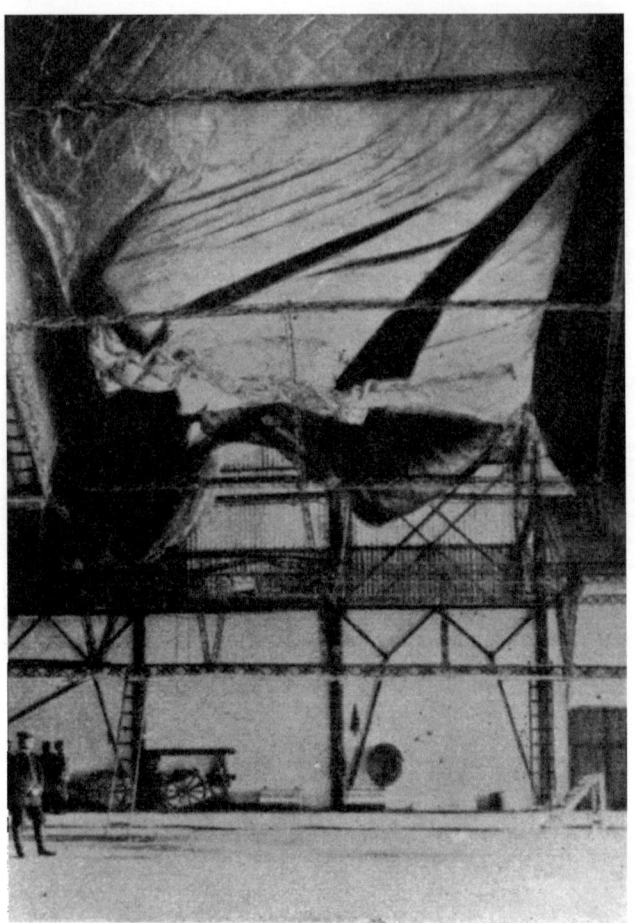

Abb. 32. Beschädigung des LZ. 21 nach seiner Landung
in Lunéville

gen Versagens eines Motors bei gleichzeitig eintretendem schlechten Wetter am 28. Juni 1910 eine Notlandung im Teutoburger Walde machen und wurde dabei zerstört, ohne daß jedoch Menschen zu Schaden kamen.

Erst durch die Neubauten des Jahres 1911, namentlich des LZ. 9, wurde der Fehler der zu geringen Geschwindigkeit einigermaßen beseitigt. Zunächst wurden die viel Widerstand verursachenden jalousieförmigen Höhensteuer am Bug und Heck entfernt und durch große, einfache Flächen am Hinterteil ersetzt, wie das Bild der „Schwaben" zeigt. Außerdem wurden alle Nebenwiderstände, die sich viel schädlicher erwiesen, als man annehmen konnte, soweit möglich, beseitigt und eine glatte Oberfläche geschaffen; schließlich wurde die Motorkraft durch Einbau von vier Motoren wesentlich gesteigert. Durch all diese Verbesserungen wurde die Geschwindigkeit von 14 auf 21 m in der Sekunde, gleich 75 km in der Stunde, gesteigert, und hierdurch wurde es möglich, die Fahrten mit größerer Sicherheit und Regelmäßigkeit durchzuführen. Mit zunehmender Erfahrung und Vorsicht in der Führung der Schiffe verschwanden nun auch die Notlandungen „wegen starken Sturmes". Die „Schwaben", die „Viktoria Luise" und die „Hansa" machten in den Jahren von 1911 bis 1914 eine große Zahl von Fahrgastfahrten. So führte z. B. die „Viktoria Luise" 384 Fahrten in 838 Stunden aus, wobei sie mit 8134 Personen (einschließlich der Besatzung) 46284 km zurücklegte, und eine ähnliche Tätigkeit entfaltete die „Hansa" und die „Sachsen". Doch war der Apparat im Verhältnis zur Transportleistung zu groß, und die „Delag" konnte ein finanzielles Ergebnis nicht erzielen. Hierzu wären erforderlich gewesen:

1. Weit größere Fahrstrecken als sie in Deutschland zur Verfügung standen, folglich noch erheblich größere Geschwindigkeiten; denn je weitere Fahrten ein Schiff machen soll, um so selbständiger und unabhängiger vom Wetter muß es sein.

Abb. 33. Armeeluftschiff LZ. 25

2. Weit größere Schiffe, die eine erhebliche Nutzlaſt tragen können.

3. Ein besseres Verhältnis zwischen der Zahl der Besatzung und der Zahl der Passagiere.

Das alles iſt heute technisch möglich, wenn schon die übeln Verhältnisse der Nachkriegszeit die Ausführung bisher verhindert haben.

DIE MILITÄRLUFTSCHIFFE ZEPPELINS BIS ZUM KRIEGE

Seit dem Jahre 1907 wurden eine Anzahl Zeppelin-Schiffe von der Militärbehörde angekauft. Das erſte war der Z. 3, der den Namen Z. I erhielt, als Übungsschiff benutzt und 1913 in Metz abgerüſtet wurde.

Dann kam LZ. 5 = Z. II, der bei Limburg ſtrandete, weiter LZ. 14 unter dem Namen L. I als Marineluftschiff, das infolge ſtarken Gasverluſtes bei einer Übung in der Nähe von Helgoland ſtrandete und unterging.

Das zweite Marineluftschiff, der LZ. 18, genannt L. II, hatte ein tragisches Ende. Infolge des Umſtands, daß die Gondeln zu nahe am Ballon angebracht waren, gelangte der beim Steigen des Schiffes austretende Wasserſtoff an die Motoren und entzündete sich. Das Schiff ſtürzte brennend ab, und die ganze Besatzung wurde getötet.

Eine politische Bedeutung hatte die Abnahmefahrt des LZ. 16, als Armeeluftschiff Z. IV. Es geriet am 3. April 1913 in unsichtiges Wetter und befand sich, als die Orientierung wieder aufgenommen werden konnte, durch heftigen Oſtwind abgetrieben, über französischem Gebiet. Die Landung fand bei Lunéville ſtatt, und das Schiff wurde zwar bald wieder freigegeben, aber nicht ohne heftige Aufregung der beiderseitigen Bevölkerungen und nicht, ohne daß es gründlich durchsucht und beschädigt wurde. Bei dieser Gelegenheit, wie bei so vielen anderen, trat die kriegsbereite Feindschaft der Franzosen deutlich hervor.

Abb. 34. Blick in die Maschinengondel eines Armeeluftschiffs; nur der hintere Motor sichtbar

Das letzte vor dem Krieg gebaute Luftschiff war LZ. 25.

Die Bilanz des Betriebes war nunmehr die folgende:

Von den 25 gebauten Schiffen waren abgegangen

    1. durch Abrüstung 5,

    2. durch Zerstörung bei der Landung 6,

    3. durch Brände 4.

Bei Kriegsausbruch waren noch 10 Schiffe vorhanden.

Es zeigte sich somit, daß die Feuersgefahr erhebliche Verluste veranlaßt hat.

Die Würdigung dieser Gefahr und der Angabe der Mittel, ihr zu begegnen, behalte ich mir für den Schluß der Schrift vor.

Für jetzt wenden wir uns den anderen deutschen Systemen zu.

DAS PARSEVAL = LUFTSCHIFF

DER DRACHENBALLON

Als der Verfasser in den Jahren nach 1900 an den Bau eines Luftschiffes heranging, war er auf dem Gebiete des Ballonwesens kein Neuling, vielmehr hatte er zusammen mit v. Sigsfeld in einer langjährigen Versuchsreihe mit finanzieller Unterstützung des Herrn August Riedinger in Augsburg den Drachenballon konstruiert. In aerodynamischer Beziehung war diese Unternehmung schwieriger als das lenkbare Luftschiff, da bei einem kleinen und leichten Gerät relativ viel größere Kräfte aufzunehmen waren.

Zwei Punkte waren es namentlich, die dabei im Vordergrund standen: der erste war die Formhaltung des Ballonkörpers. Der Grundgedanke des mittlerweile abgelaufenen Patents war der, einen Fesselballon zu machen, der aus einem länglichen, zylindrischen, vorn und hinten mit Halbkugeln abgeschlossenen Körper besteht und diesen länglichen Ballon mit der Spitze gegen den Wind und schräg mit dem Kopf nach oben zu stellen, so daß die Bauchseite unten vom Wind getroffen wird und eine Drachenwirkung ausübt. Der Körper muß also eine gewisse Starrheit haben, und dies wurde durch ein Riedingersches Patent erreicht, das dahin lautete, den Winddruck in einem trichterförmigen Windfang aufzunehmen und in den Ballon zu leiten. Diese Einrichtung genügte vollkommen, die Ballonkörper erwiesen sich genügend steif, selbst wenn sie bei Böen tüchtig hin und her geschüttelt wurden.

Abb. 35. Dr. A. v. Parseval

Abb. 36. Drachenballon

Der zweite Punkt war die seitliche Stabilität. Nach der Höhe war die Maschine vom erſten Tag an recht ſtabil; doch hatte sie die ſtarke Neigung zu höchſt ungemütlichen Seitenbewegungen, die unter Umſtänden bis zum seitlichen Umschlagen sich ſteigern konnten, so, wie es gewöhnliche Drachen wirklich tun, die bekanntlich oft richtige Kreise in der Luft beschreiben. Es bedurfte langer Vorversuche mit Wassermodellen und danach vieler Versuche am wirklichen Ballon, bis das Ziel erreicht war, den Ballon so ſtabil zu bekommen, daß man unter nicht gar zu ungünſtigen Windverhältnissen beobachten konnte.

Die Inſtabilität solch länglicher Körper im Windſtrom war mir daher nichts Neues, und die richtige Bemessung der Stabilisationsorgane mußte eine Hauptvorbedingung des Gelingens sein.

Auch hatte ich beim Bau des Drachenballons Gelegenheit, die Behandlung des Materials und die Herſtellung der erforderlichen Verbindungen zu lernen, so daß ich wenigſtens die allernotwendigſten Vorkenntnisse nicht erſt neu zu erwerben brauchte.

So gelang es mir, einen Ballon zu konſtruieren, der zwar manche Kinderkrankheiten besaß, namentlich weil ich am Gewicht an der unrechten Stelle gespart hatte, aber doch wenigſtens von Anfang an geradeaus fahren konnte.

HANS VON SIGSFELD.

Leider war mein Freund v. Sigsfeld, dessen Mitwirkung für mich von unschätzbarem Wert gewesen wäre, bei einer Freiballonfahrt am 1. Februar 1902 bei Antwerpen tödlich verunglückt. Er war vielleicht die genialſte Persönlichkeit, die wir in der deutschen Luftfahrt gehabt haben, an Energie und Verwegenheit dem Grafen Zeppelin gleich, an technischem Wissen und Können ihm überlegen, und es iſt nicht abzusehen, wie der Verlauf gewesen wäre, wenn es ihm beschieden gewesen wäre, an der ganzen Entwicklung mitzuwirken. Im Jahre 1890 und 1891 war ich sein Mitarbeiter bei dem Projekt einer Flugmaschine, er war mein Lehrer in Mechanik und Aerodynamik. Es war freilich kein sehr syſtematischer Kurs; denn er liebte es, sprunghaft zu arbeiten.

Der Drachenballon entſtand in der erſten Hälfte der neunziger Jahre und nahm im Jahre 1897 zum erſtenmal an den Manövern teil.

Sigsfeld war Reserveoffizier, trat aber später in den aktiven Dienſt als Lehrer beim Luftschiffer-Bataillon über, wo er sich zuletzt hauptsächlich den Arbeiten in der Funkentelegraphie widmete.

Graf Zeppelin hat ihn als denjenigen Mann bezeichnet, dem er bei seinem Ableben sein Werk hätte übergeben wollen. v. Sigsfeld hat auch die erſten Versuche mit dem Z. 1 im Jahre 1901 geleitet.

DAS PROGRAMM DES PARSEVAL-LUFTSCHIFFES

Beim Entwurf des lenkbaren Luftschiffes ging ich von Gesichtspunkten aus, die denen des Grafen Zeppelin diametral entgegengesetzt waren.

Ganz ausgeschlossen war es bei der Geringfügigkeit der zu Gebote stehenden Mittel, etwa 100 000 Mark, wovon ein Teil aus den Gewinnen stammte, die der Drachenballon erbracht hatte, die Unternehmung so großartig anzulegen wie Zeppelin. Aber selbst, wenn ich das Geld für eine derartige Bauweise gehabt hätte, schien mir doch die Bruchgefahr des Gerippes bei den Landungen so groß, daß nach einigen, bei einer so neuartigen Sache mit ungeübten Führern unvermeidlichen Notlandungen das Scheitern der Schiffe zum Bankrott der Unternehmung führen würde. Meine Beurteilung der Sachlage wurde auch durch den Verlauf der Versuche mit den Zeppelin-Schiffen, was den technischen Teil anbetraf, bestätigt. Was ich jedoch nicht vorausgesehen hatte, war die Wirkung, die von der Persönlichkeit des Grafen Zeppelin ausging und die sich daran entzündende nationale Begeisterung, die jene Gefahren und unglücklichen Zwischenfälle siegreich überwand.

Zunächst also sollte ein lenkbarer Ballon geschaffen werden, möglichst klein und dem bekannten Ballon möglichst ähnlich, mit einer Gondel, die bei der Landung einen kräftigen Stoß vertragen konnte. Also das strikte Gegenteil der Zeppelin-Konstruktion, deren Gerippe einer harten Bodenberührung nicht standhält, so daß der Erfinder seine Versuche über Wasser ausführte. Auch der lange Gondelträger des Renard-Schiffes wurde als zu zerbrechlich verworfen. So entstand die Idee des Prall-Luftschiffes, d. i. ein Ballon, der nur dadurch steif erhalten wird, daß er durch ein Gebläse unter Druck gehalten wird. Schon der Drachenballon war ein solches Gebilde gewesen; er erhielt seine Steifigkeit durch den Druck des Windes, der durch eine große Öffnung in einen im unteren Teil des Ballons liegenden Windsack geleitet wurde. Der Druck des Windes übertrug sich durch den leichten, faltigen Windsack auf das Gas, und die Form-

Abb. 37. Drachenballon am Arsenal in Wien

45

Abb. 38. Hans v. Sigsfeld

haltung war durchaus befriedigend.

Beim Luftschiff war die Anwendung eines Ventilators zur Erzeugung des inneren Überdrucks geboten. Um nicht eine zu große Luftmasse in der Mitte des Ballons zu haben, die sich bei Anwendung nur *eines* Luftsackes wie ein Stein hereinlegen und deren Hin- und Herrollen die Stabilität gefährden würde, sind zwei kleinere Luftsäcke in die Enden des Ballons gelegt, die nun dazu benutzt werden können, um die Schräglage des Ballons zu regeln. Zu Beginn der Fahrt sind die Luftsäcke nahezu leer und enthalten nur so viel Luft, daß der Ballon noch getrimmt werden kann. Erst wenn während der Fahrt durch Ausgabe von Ballast und Verbrauch von Brennstoff der Ballon erleichtert ist und zur Landung Gas ausgelassen werden muß, tritt eine allmähliche Füllung der Säcke ein. Durch ein Ventilwerk in der Mitte des Ballons wird die Verteilung der Luft geregelt.

Die eigentümliche äußere Form — Zylinder mit halbkugelförmigem Kopf und eiförmigem Ende — war nicht nur mit Rücksicht auf die bequeme Herstellung, sondern namentlich um der Kursstabilität willen gewählt. Bei den Versuchen mit dem Drachenballon hatte sich diese Form als die seitlich stabilste erwiesen. Die Größe der Steuerflächen

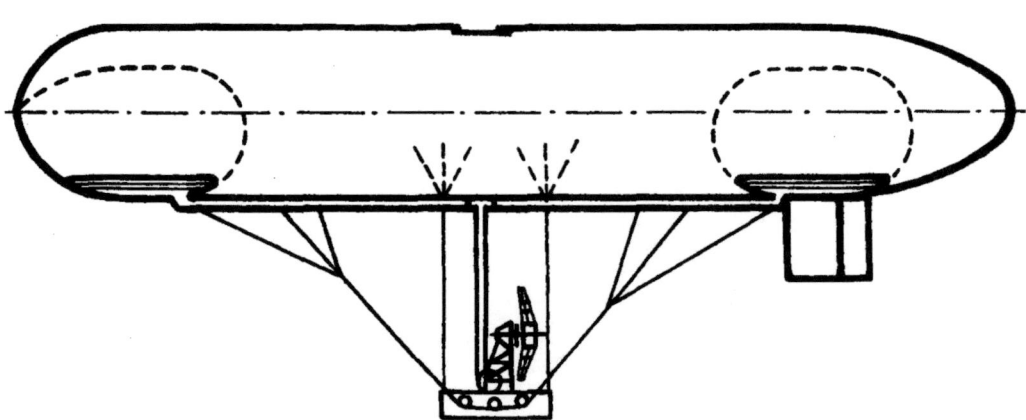

Abb. 39. Parseval-Luftschiff 1. Längsschnitt

Abb. 40. Erster Aufstieg des PL. 1 am 26. Mai 1906

wurde dadurch ermittelt, daß ein mit Luft aufgeblasenes Modell frei geworfen wurde. Die aus Karton gefertigten Dämpfungsflächen mußten so groß sein, daß der Körper noch befriedigend flog.

Die Gondel war bei diesen kleinen Schiffen, die durch die Konkurrenz der Flugzeuge heute ausgeschaltet sind, nicht nahe am Ballon, sondern ziemlich tief darunter aufgehängt. Zwischen Gondel und Ballon befand sich der Propeller, der auf einem Ständer aus Stahlrohren auf der Gondel montiert war. Die tiefe Lage des Propellers machte besondere Einrichtungen nötig, um ein zu starkes Kippen des

Abb. 41. Gondel des PL. 1 auf dem Versuchsstand

Ballons beim Anziehen des Propellers zu verhindern. Die Gondel selbst war nicht fest am Ballon angebracht, sondern pendelnd. Sie konnte wie eine Schaukel in einem Parallelgehänge nach vor- und rückwärts schwingen, indem sie auf Rollen über die Seile glitt, welche die überstehenden Enden des Ballons trugen. Wenn nun die Schraube anzog, so glitt die Gondel vorwärts, und dadurch verlegte sich ihr Schwerpunkt so weit nach vorn, daß die durch die tiefe Lage des Propellers entstehende Kippwirkung aufgehoben wurde. Die Anordnung bewährte sich gut und gab keinen Anlaß zu Anständen, sie ist mit der Vergrößerung der Schiffstypen, wobei die Propeller kleiner wurden und dicht am Ballon lagen, verschwunden.

Das gleiche Schicksal hat auch die unstarre Schraube erlitten. Diese freilich mit Recht, da ihr Effekt dem der Holzschraube nicht gewachsen war. Die Konstruktion sollte die Anwendung eines großen Durchmessers bei geringem Gewicht ermöglichen; sie beruhte ferner auf der Annahme, daß ein recht dünner Flügel den geringsten Luftwiderstand habe, was spätere Versuche als unrichtig erwiesen haben. Die Flügel dieser Schraube waren aus starkem Stoff gefertigt und mit Stahlseilen und besonderen Gewichten sowie Stahlquerleisten armiert. Durch die Zentrifugalkraft dieser Teile wurde die Schraube bei der Rotation ausgebreitet und in ihrer Form erhalten. Ganz neuerdings ist dieses Prinzip an den

Metall-Luftschrauben von Reed wieder zu Ehren gekommen, bei denen das Schraubenblatt aus Duraluminium so dünn gemacht ist, daß sich der äußere Teil den Luft- und Zentrifugalkräften entsprechend verbiegen kann. Mit diesen Schrauben sind die neuesten Geschwindigkeitsrekorde der Flugzeuge aufgestellt.

──────

DER PL. 1

Der erste Ballon war so klein gehalten, daß er in die vorhandene Halle des Luftschiffer-Bataillons hineinging. Er hatte eine Länge von 48 m, einen größten Durchmesser von 8,5 m und ein Volumen von 2300 cbm. Der Motor hatte 85 P. S. und setzte durch ein Doppelkegelradgetriebe eine Luftschraube von 4,2 m Durchmesser in Bewegung. Es kam somit auf 1 P. S. ein Ballonraum von 27 cbm, ein Rekord, der auch später nicht übertroffen wurde. Das erste Zeppelin-Schiff hatte auf 1 P. S. 350 cbm Inhalt; das letzte Amerika-Schiff der LZ. 126, hatte 35 cbm Inhalt pro Pferdekraft.

Das kleine Schiff war also zunächst, was Geschwindigkeit und Steuerfähigkeit betrifft, den Zeppelin-Schiffen überlegen. Es erreichte in der ersten Versuchsperiode eine Geschwindigkeit von 13 m/sec. Hierbei fällt auf, daß die Geschwindigkeit des kleinen Schiffes so gering war, da doch der LZ. 126 eine Geschwindigkeit von 34 m/sec. erreichte. Die Ursache liegt teilweise in der außerordentlichen Kleinheit des Parseval-Luftschiffes. Je kleiner ein Ballon ist, um so größer ist verhältnismäßig seine Oberfläche, von der der Widerstand abhängt. Beim LZ. 126 kommen auf 1 P. S. rund 7 qm Oberfläche, bei dem kleinen Parseval-Schiff 15 qm. Auch hat der größere Ballon einen günstigeren Luftwiderstandswert. Dies würde den großen Geschwindigkeitsunterschied aber bei weitem nicht erklären. Der verbleibende Rest drückt die Fortschritte aus, die durch bessere Formgebung und Vervollkommnung des Propellers seither gemacht worden sind.

Abb. 42. Unstarre Luftschraube an der Gondel des PL. 1

Abb. 43. Unstarre Luftschraube im Gang

Der erste Ballon wurde in den Werkstätten der Ballonfabrik August Riedinger angefertigt, die Gondel bei der damals noch Augsburger Maschinenfabrik, jetzt Maschinenfabrik Augsburg-Nürnberg genannten Firma, der Motor war von Daimler geliefert, und am 26. Mai 1906 fand mit Unterstützung des Königl. Preußischen Luftschiffer-Bataillons die erste Versuchsfahrt statt, der am 26. Mai, am 7., 14. und 26. Juni vier weitere folgten.

Hierbei zeigte sich das Schiff kursstabil und lenkfähig; auch konnte durch Schrägstellung der Achse ein dynamischer Auftrieb erzielt werden, der es ermöglichte, das Schiff ohne Ballastausgabe um mehrere hundert Meter zu heben. Es zeigte sich, daß ein Luftschiff in der Vertikalen eine viel größere Stabilität besitzt als der jedem Windhauch preisgegebene Kugelballon, und daß es in ziemlich weiten Grenzen vertikal lenkbar ist, namentlich wenn das Schiff nicht prall mit Gas gefüllt ist. Dann kann man unterhalb der Prallhöhe, d. i. diejenige Höhe, in der das Gas durch die abnehmende Dichtigkeit der Außenluft sich so weit ausdehnt, daß es alle Luft austreibt und den Ballon völlig ausfüllt, unterhalb dieser Höhe kann man das Schiff beliebig vertikal bewegen, ohne an Auftrieb zu gewinnen oder zu verlieren. Die gleichen Feststellungen wurden natürlich auch an den Zeppelin-Schiffen gemacht.

DIE MOTOR-LUFTSCHIFF-STUDIEN-GESELLSCHAFT

Inzwischen war am 31. Juli 1906 auf Anregung Kaiser Wilhelms die Motor-Luftschiff-Studien-Gesellschaft gegründet worden, zu deren erstem Vorsitzenden Admiral Hollmann ernannt wurde. Sie hatte ein Kapital von 1 000 000 Mark und sollte durch wissenschaftliche und praktische Versuche die Luftfahrt in jeder Beziehung fördern. Von ihr wurde im Jahre 1906 der Parseval-Ballon und das Parseval-System angekauft. Als Geschäftsführer trat an die Spitze der damalige Hauptmann, heute Major a. D., Richard v. Kehler. Unter seiner Leitung hat sich das Parseval-System weiterentwickelt. Gegenwärtig steht er als Präsident an der Spitze des Deutschen Aeroklubs und ist Generaldirektor der Luftfahrzeug Gesellschaft, der Rechtsnachfolgerin der damaligen Motor-Luftschiff-Studien-Gesellschaft.

Abb. 44. P L. 1 in Fahrt

Zunächst wurden die Versuche mit dem P. 1 fortgesetzt und weitere sechs Fahrten ausgeführt. Bei dieser ersten Versuchsperiode von im ganzen elf Fahrten hat sich die Bauart als widerstandsfähig und im entleerten Zustand als sehr leicht transportabel erwiesen. Wiederholt traten Situationen ein, die bei einem Zeppelin-Schiff zur Zerstörung geführt hätten. Auch kam es nach den Landungen vor, daß der Ballon seinen Druck verlor und sich stark verbog. Dies hatte aber keine Beschädigung zur Folge; vielmehr war durch Ingangsetzen des Ventilators der Schaden jedesmal sehr bald geheilt.

Im Winter 1906/07 wurde das Versuchsschiff abgeändert. Die Steuerflächen wurden nach einem neuen System umgebaut, derart, daß sie aus einem viereckigen Rahmen bestanden, der auf beiden Seiten mit Stoff überzogen war. In den Zwischenraum zwischen beiden Stoffwänden wurde der Druck des Fahrtwindes geleitet, so daß die Bespannung sich nach beiden Seiten auswölbte und ein flaches, sehr steifes Luftpolster entstand. Diese Steuer funktionierten sehr gut und blieben viele Jahre im Gebrauch. Sie hatten nur den Nachteil, daß der Rahmen etwas schwer wurde und daß ihr Luftwiderstand verhältnismäßig hoch war, ein Punkt, den aber erst viel später Untersuchungen der aerodynamischen Versuchsanstalt in Göttingen klargestellt haben. Außerdem erhielt das Schiff statt einer halbkugelförmigen eine ovale Spitze und machte in dieser Form noch 18 Versuchsfahrten. Die längste davon betrug 135 km und führte mit einer Zwischenlandung von Berlin nach Brandenburg und zurück. Das Schiff

Abb. 45. Hülle des P L. 1 mit Luft aufgeblasen

ging später in den Besitz des Kaiserlichen Aeroklubs über, wo es, mit einer neuen Ballonhülle ausgerüstet, noch eine umfangreiche Tätigkeit entfaltete.

Ein interessanter Aufstieg dieses Schiffes fand am 3. Oktober 1909 bei dem Gordon-Bennett-Fliegen in Zürich statt. Das Luftschiff kam mit der Bahn und wurde bei sehr schlechtem Wetter gefüllt und montiert. An dem Vormittag der Ballonaufstiege konnten dann vier Fahrten gemacht werden, an denen der Bundesrat Forrer und der Generalstabschef der Schweizer Armee, Oberst Sprecher, teilnahmen.

Abb. 46. P L. 1 bei der Landung

Die Gondel des Schiffes befindet sich jetzt im Deutschen Museum zu München.

DIE AERODYNAMISCHE VERSUCHSANSTALT IN GÖTTINGEN

Es würde zu weit führen und den Rahmen dieser Schrift bei weitem überschreiten, wenn ich es unternehmen wollte, die ganze Tätigkeit der Motor-Luftschiff-Studien-Gesellschaft eingehend zu schildern. Das Notwendige ist in ihren Jahrbüchern niedergelegt. Ihre Förderung hat sich auch auf das Flugwesen, insbesondere aber auf einen Punkt erstreckt, der von weittragenden Folgen begleitet sein sollte: es war die Gründung einer Aerodynamischen Versuchsanstalt unter Leitung des Professors Ludwig Prandtl in Göttingen. Hier war einmal der richtige Mann am richtigen Platze.

Die Aufgabe der Anstalt war, Modelle von Flugkörpern und Teile von solchen einem künstlich erzeugten starken Luftstrom auszusetzen und die Kräfte zu erforschen, welche der Druck des Windes an diesen Teilen ausübt. Zu diesem Zwecke wird das Modell in einen „Windkanal" gebracht, durch den mittels eines Gebläses ein starker Luftstrom getrieben wird. Feine Instrumente regeln die Stärke des Stromes, und Wagen messen die Größe der vom Wind ausgeübten Kräfte.

Diese Versuchsanordnung war damals nicht neu. Vielmehr hatte schon der bekannte Eiffel, der Erbauer des Eiffel-Turmes, in Paris seit Jahren eine solche Anstalt in Betrieb und sehr wichtige Ergebnisse damit erzielt.

Zunächst wurden kleine Vorversuche zur Ermittlung der notwendigen Einrichtungen, der Form des Tunnels und der Gebläse gemacht, demnächst entstand eine kleine Versuchsanstalt mit einem Windtunnel von 2 m im Quadrat. Diese Versuchsanstalt ergab sofort die wichtigsten Anhaltspunkte für die Form der Luftschiffe und hat über die Theorie des

Widerstands der Luftballons entscheidende Aufklärungen geliefert. Die Fuhrmannsche Versuchsreihe über die Druckverteilung an Motorluftschiffen ist bis heute noch maßgebend.

Aus dieser Anstalt ist später die Reichsversuchsanstalt über Aerodynamik in Göttingen hervorgegangen.

Die anfangs nur für geringe Luftgeschwindigkeiten berechnete Einrichtung wurde während des Krieges durch einen Windtunnel für 40 m Luftgeschwindigkeit in einem großen Neubau ersetzt und auch nach dem Kriege noch wesentlich vervollkommnet. Die aus dieser Anstalt hervorgegangenen Arbeiten, insbesondere eine durch Experimente wohlbegründete Theorie der Aeroplanfläche, hat der deutschen Wissenschaft im Auslande nach dem Krieg ungeteilte Anerkennung erworben und der Anstalt einen Weltruf verschafft. Die Aerodynamische Versuchsanstalt in Göttingen war es auch, die die wissenschaftlichen Grundlagen für die Entwicklung des Flugwesens im Kriege lieferte, und sie bildete eines der wichtigsten Glieder der nationalen Verteidigung. Auch die Zeppelinbau-Gesellschaft hat sich für ihre Zwecke einen Windtunnel in Friedrichshafen erbaut, und ähnliche Einrichtungen bestehen heute in fast allen Kulturstaaten der Welt.

Abb. 47. Major a. D.
Richard v. Kehler, Präsident des
Aeroklubs von Deutschland

DER PL. 2

Die Erfolge des PL. 1, obwohl noch durch Kinderkrankheiten getrübt, verschafften der Gesellschaft einen Auftrag der Heeresverwaltung, den PL. 2, der im wesentlichen ein Schwesterschiff des PL. 1 war. Außerdem erbaute die Gesellschaft aus eigenen Mitteln im Jahre 1908 ein größeres Luftschiff von 6600 cbm Inhalt und zwei Motoren von je 110 P. S. Diese Gondel nebst Motoren wurde von der Neuen Automobil-Gesellschaft (NAG) geliefert; das Gerippe und die Schrau-

Abb. 48. PL. 1 auf Wagen verladen

Abb. 49. PL. 1 auf Wagen verladen

benausleger waren aus Chromnickelstahl. Sie zeichnete sich durch große Solidität aus und hat ihren Dienst bei sehr zahlreichen Aufstiegen zu voller Zufriedenheit getan.

Die Fahrten mit diesen beiden Schiffen ergaben viele wichtige Erfahrungen.

Der PL. 2 hatte am 5. September 1908 durch eine schöne zehnstündige Dauerfahrt die Abnahmebedingung der Militärverwaltung erfüllt und stieg am folgenden Tage bei sehr böigem Wetter und starkem Wind zu einer Fahrt nach Potsdam auf. Er erreichte dabei, indem der Motor auf 1200 Touren gebracht wurde, eine Geschwindigkeit von ca. 15,5 m. Den heftigen Böen waren aber die Stabilisierungsflächen nicht gewachsen. Es war das erste Mal, daß ein Parseval-Schiff in so unruhiges Wetter kam, eine der Seitenflächen zerbrach, und der hölzerne Holm stieß ein Loch in den Ballon. Die Landung erfolgte zwischen den Häusern der Kolonie Grunewald sehr sanft, indem der Ballon sich in dem Gezweig einiger Fichten verfing; auch die Materialbeschädigungen waren unerheblich. Doch war die Besuchsfahrt vor dem Kaiser versäumt, und es gewährte geringen Trost, daß dem Militärluftschiff, das nach dem eigenen System vom Luftschiffer-Bataillon erbaut war, zur gleichen Zeit ungefähr das nämliche passierte. Bei all diesen Versuchen war es sehr förderlich, daß das Material des Schiffes auf zwei Wagen verladen und abtransportiert werden konnte und selbst bei so groben Landungen nur unbedeutende Beschädigungen auftraten.

Am 4. November 1908 mißlang eine

Abb. 50. PL. 1, spätere Form

Fahrt wegen dichten Nebels, bei dem es nicht möglich war, sich zu orientieren. Am 28. November endlich wurde das Schiff, nachdem eine Geschwindigkeit von 13,2 m nachgewiesen war, von der Militärverwaltung übernommen. Mittlerweile war die Fabrikation nach Bitterfeld verlegt worden, wo billiger Wasserstoff zur Verfügung stand.

DER PL. 3 UND DIE ILA

Mit dem PL. 3 tat die Motor-Luftschiff-Studien-Gesellschaft einen bedeutsamen Schritt vorwärts; es wurde ein größerer Typ geschaffen, ein Schiff mit 2 Motoren und 2 Schrauben, das für Passagierfahrten bestimmt war. Das Schiff hatte ein Volumen von 6600 cbm und 2 Motoren zu 100 P. S. Die Gondel samt den Motoren war von der Neuen Automobil-Gesellschaft (NAG) geliefert.

Seine Leistungen waren für die damalige Zeit ein Fortschritt; er hatte 14,2 m Geschwindigkeit, konnte bis 20 Stunden Betriebsstoff führen und 6—8 Passagiere tragen.

Die Propeller waren an seitlichen Auslegern zu beiden Seiten der Gondeln angebracht, und nach Bedarf konnten beide Motoren auf zwei oder nur eine Schraube oder nur ein Motor auf eine oder zwei Schrauben arbeiten. Dadurch entstand eine viel größere Betriebssicherheit, und im Verlaufe der Fahrten wurden diese Möglichkeiten auch tatsächlich ausgenutzt.

Zunächst sollte das Schiff die Internationale Luftfahrt-Ausstellung in Frankfurt a. M. besuchen. Seine erste Fahrt fand von Bitterfeld aus statt am 18. Februar 1909. Nach zwölf

Abb. 51. Inneres des P L. 1 bei der Revision mit dem leer am Boden liegenden Luftsack

Abb. *52. P L. 1 in Zürich. Füllung*

Werkstattfahrten in der Umgebung von Bitterfeld, die ohne sonderliches Interesse verliefen, wurde es per Bahn nach Frankfurt a. M. in die dortige Internationale Luftschiffahrts-Ausstellung „Ila" übergeführt. Dort wurde der PL. 3 in einer Zelthalle untergebracht und führte während der Dauer der „Ila"

Passagierfahrten mit zahlreichen Zwischenlandungen aus. Am 12. August ereignete sich hierbei der Zwischenfall, daß das Luftschiff durch einen absteigenden Luftstrom zu Boden gedrückt wurde und kurz vor der Ausstellung in einer Frankfurter Straße landete. Die Hülle und die Stabilisierungsflächen wurden beschädigt; aber schon nach zehn Tagen, am 22. August, konnte die nächste Fahrt stattfinden. Für die Leistungen auf der „Ila" erhielt der Konstrukteur des Schiffes den Ehrenpreis des Kaisers für die im ganzen beste Leistung in der Luftfahrt.

Zweimal besuchte auch ein Zeppelin-Schiff die „Ila": am 31. Juli, wo es mehrere Tage verweilte, und am 5. August, und wurde begeistert begrüßt.

Bei dieser Gelegenheit war es auch einmal möglich, die Geschwindigkeit des PL. 5 mit der des ZL. 3 direkt zu vergleichen. Hierüber berichtet Stelling: „Ehe noch das Zeppelin-Luftschiff abgefahren war, war ich mit dem P. 3 bereits aufgestiegen und kreuzte mit verminderter Geschwindigkeit über dem großen Flugplatz, den Moment erwartend, wo der Zeppelin sich erheben würde. Als dieser dann über das Ausstellungsgelände seinen Kurs nach Darmstadt nahm, folgte ich mit ca. 2 km Abstand ihm nach. Nach Überfliegen des Weichbildes von Frankfurt ver-

Abb. *53. P L. 2 in Zürich über dem Ballon-Aufstieg-Platz*

ſtärkte ich die Tourenzahl
der Motoren und merkte
hierbei, daß wir dem Rie-
senschiff ganz erheblich
näherkamen. Als ich dann
die Motoren auf die größ-
te Tourenzahl brachte,
gelang es dem Parseval
mit ziemlicher Leichtig-
keit, an dem Z. 3 vorbei-
zufahren und vor ihm
Darmstadt zu erreichen."
Das Ergebnis ist nicht
verwunderlich, wenn man
bedenkt, daß der viel

Abb. 54. Gondel des PL. 2

größere Zeppelin nur ungefähr die gleiche Motorkraft in der Gondel hatte wie der viel
kleinere Parseval, was mit der größeren Tragkraft der Prallschiffe zu erklären ist.

Ein recht unangenehmer Vorfall war es aber, als das Luftschiff beim Herausbringen aus
der Halle durch eine Seitenböe an die Toreinfassung gedrückt und durch einen vor-
ſtehenden Bolzen leck wurde gerade in dem Moment, wo eine ausländische Kommission
mit dem Schiff eine Fahrt machen sollte. Die Hülle sank entseelt zu Boden, und nur das
Hinterteil des Ballons, das schon aus der Halle heraus war, konnte sich halten, indem es
wie ein zum Himmel zeigender Finger emporstand. Ein ganz ähnliches Mißgeschick wider-
fuhr zwei Jahre später dem Zeppelin LZ. 8, der als Ersatz für das gescheiterte Schiff
„Deutschland" gebaut war: er wurde gegen die Hallenwand geworfen und zerbrach, so
daß er abgerüstet werden mußte. Der PL. 3 aber war acht Tage nach seinem Unfall wieder
fahrbereit.

DIE SÜDDEUTSCHE RUNDFAHRT DES PL. 3

Gegen Ende der „Ila" wurde eine Rundfahrt durch Süddeutschland unternommen, um
das Schiff der Bevölke-
rung zu zeigen. Der
Verlauf dieser Fahrt
zeigte recht deutlich die
großen Schwierigkeiten,
die damals die noch zu
geringe Geschwindigkeit
der Luftschiffe und der
dichte Bodennebel berei-
tet haben. Ich gebe hier,
etwas abgekürzt, die Be-
schreibung des vortreff-
lichen Führers Major

Abb. 55. Start des PL. 2, der Propeller noch nicht voll
ausgebreitet im Moment des Anlaufens

Abb. 56. P L. 2 in Fahrt

Stelling wieder aus seinem Buche: „12 000 Kilometer im Parseval":

„Nachdem das Luftschiff so gezeigt hatte, daß es auch größere Strecken anstandslos zurücklegen konnte, nachdem es bewiesen hatte, daß es imstande war, eine erhebliche Eigengeschwindigkeit zu entwickeln und infolge seiner sonstigen Widerstandskraft selbst starken Unwettern standzuhalten, nachdem es endlich offenkundig war, daß es sich selbst in den schwierigsten Verhältnissen über Berge und durch Täler gut steuern ließ, sowohl in vertikalem wie in horizontalem Sinne, kam es mir darauf an, zu beweisen, daß der ‚Parseval' auch geeignet wäre, eine größere Dauerfahrt zu unternehmen, daß das Parsevalschiff denjenigen Vollkommenheitsgrad erreicht hatte, den man zur Zeit überhaupt von einem Lenkballon nur fordern konnte.

Ich entschloß mich daher, die große Fahrt nach Süddeutschland auszuführen. Da kurz vor Schluß der ‚Ila' die Stadt Nürnberg einen Preis ausgesetzt hatte für das erste Luftschiff, das von der ‚Ila' aus daselbst landen würde, außerdem Augsburg die Stätte war, wo die ersten Gedanken für das Entstehen des Parseval-Systems geboren wurden, war für mich die Route gegeben. Sie führte nach Bayern, dem Heimatlande des Erfinders, und zwar über Nürnberg, Augsburg nach München und zurück.

Die ganze Strecke betrug ca. 1000 km, und da es sich um drei Landungen in Nürnberg, Augsburg und München handelte, so hoffte ich, in zwei bis drei Tagen diese für das ganze System so bedeutungsvolle Fahrt zu Ende führen zu können, und zwar hatte ich die Einteilung derart vorgesehen, daß ich am ersten Tage bis Augsburg mit einer kurzen Zwischenlandung in Nürnberg, am zweiten bis München fahren wollte. Von München aus hatte ich die Absicht, eventuell

Abb. 57. P L. 2 wird auf den Aufstiegsplatz gebracht

gleich oder am dritten Tage die direkte Rückfahrt nach Frankfurt anzutreten.

Am 12. Oktober früh 5 Uhr lag das Schiff zur Abfahrt bereit in seiner Halle, deren Schutz es nun für längere Zeit entbehren sollte, in Erwartung seiner Passagiere, im ganzen einschließlich Besatzung 8 Personen, und zwar Hauptmann Dinglinger, dem die Betätigung des Seitensteuers übertragen war, die Maschinisten Claassen und Schlimme und der Ballonmeister Moses. Außerdem drei Passagiere und meine Wenigkeit. Das Schiff war mit allen möglichen Reserveteilen für die Fahrt ausgerüstet und hatte Betriebsstoffe für ca. 20 Stunden und eine reichliche Menge Ballast an Bord.

Als ich noch in völliger Dunkelheit zur Halle kam, wölbte sich über mir ein sternenklarer Himmel. Im stillen dankte ich ihm für diese gute Aussicht, die er mir zu prophezeien schien. Denn dessen war ich mir bewußt, es war keine leichte Aufgabe, die ich dem mir anvertrauten Luftschiff zumutete.

Abb. 58. Major Stelling

Würde es mit derselben stolzen Sicherheit, die es bisher so glänzend bewiesen hatte, wieder in seinem Hafen ankommen? — Ich glaube, es ist menschlich erklärlich, daß mir als verantwortlichem Führer auch ernste Gedanken nähertraten, waren doch auch andere leistungsfähige Luftschiffe unberechenbaren Zufällen zum Opfer gefallen. Schließlich jedoch siegte der Wille, den Erfolgen des Parseval-Luftschiffes auf der ‚Ila‘ und damit

denen des ganzen Systems die Krone aufzusetzen, und frohen Mutes gab ich 5 Uhr 30 Minuten die Kommandos zur Abfahrt.

Leicht abgewogen erhob sich das Schiff in die Lüfte unter einem lauten Hurra und Glückab der Bedienungsmannschaften der ‚Ila‘ und nahm seinen Kurs nach Südosten, zunächst über das ganze Weichbild der

Abb. 59. P L. 3

Abb. 60. Gondel des P L. 3

Stadt Frankfurt, dessen Lichtermeer zu uns heraufglänzte, über den Bahnhof hinweg, über Fabriken, in denen das Tagewerk begonnen wurde, ein interessanter, durch die malerische Lage Frankfurts reizvoller Anblick, dem der Stempel des erwachenden Tages mit seinem Leben und seiner Arbeit aufgedrückt war. So ging die Fahrt den Main aufwärts auf Aschaffenburg; der unter uns silberglänzende Fluß war unser Wegweiser.

Der Spessart tauchte vor uns auf, und mit großer Sorge sah ich, daß seine Gipfel in tiefe Nebelschleier eingehüllt waren. Die direkte Linie nach Nürnberg, die ich mir vorgenommen hatte, führte ja über den Spessart und Würzburg. Es hieß nun für mich, was tun? Der Weg über den Spessart war mir jedenfalls versperrt, da der dort bis zum Erdboden reichende Nebel eine Orientierung unmöglich gemacht hätte. So mußte ich den Kurs ändern und mich weiter an die Mainlinie halten, wo ich in niedriger Höhe von ca. 100, ja sogar bis nur 50 m über dem Wasserspiegel bei immer tiefer sinkendem Nebel den Kurs aufrechterhalten konnte, da nur noch über dem Wasser eine Orientierung möglich wurde, weil die oberen Hänge schon völlig in Nebel gehüllt waren. Inzwischen hatten wir uns Aschaffenburg genähert, das wir in seiner entzückenden Lage am Fuße des Spessarts links liegen ließen. So steuerte ich das Schiff durch das sehr malerische Tal, den Windungen des Mains weiter aufwärts folgend, bis Wertheim, dem Stammsitze des fürstlichen Hauses Löwenstein-Wertheim-Freudenberg. Die Fahrt bis hierher war nicht ganz einfach, da sich das Schiff durch das teilweise sehr enge Maintal und durch die sich hier stauenden Winde hindurchwinden mußte, wobei die Seitensteuerung in den bewährten Händen des Hauptmanns Dinglinger mit großem Erfolg betätigt wurde.

Abb. 61. P L. 3 auf der „Ila" in Frankfurt a. M.

Abb. 62. P L. 3 und Z. 3 über der „Ila"

Bei Wertheim, wo der Spessart nun hinter uns lag und die bayerische Hochebene begann, wurde ich abermals vor eine Entscheidung gestellt. Da der Main hier einen großen Bogen nach Norden zu machen beginnt, war ich jedenfalls gezwungen, sein schützendes Tal zu

Abb. 63. Der Bahnhof von Frankfurt a. M.

verlassen, um den Umweg nicht noch mehr zu vergrößern. Sollte ich nun den Kurs direkt südöstlich auf Nürnberg nehmen oder das noch engere Taubertal nach Süden entlangfahren? — Ich entschloß mich, da die ganze Gegend immer noch in tiefe Nebel gehüllt war, zu letzterem und steuerte also in das Tal des Tauber hinein, welches, tief in das Gelände eingeschnitten, landschaftlich mit seinen mit dichten Laubwäldern geschmückten Ufern fast noch reizvoller war als das des Mains. Nur bot es infolge seiner oft ganz unglaublichen Enge für das Steuern des Schiffes, das sehr oft an den Hängen des Tales anzustoßen drohte, große Schwierigkeiten, so daß es für die Steuerung alle Aufmerksamkeit erforderte, einen Unfall zu vermeiden. Trotzdem wurde der Lauf des Tauber weiter verfolgt und zunächst bis Tauberbischofsheim gefahren. Bis hierher hatte das Schiff eine durchschnittliche Eigengeschwindigkeit von nur 25—28 km in der Stunde entwickelt, ein Beweis, wie kräftig der Gegenwind gewesen war.

Bei Tauberbischofsheim faßte ich schließlich trotz des immer noch herrschenden Nebels, da ich den Umweg nicht noch größer gestalten konnte, den Entschluß, den Tauber zu verlassen, um unter allen Umständen Nürnberg zu erreichen; denn darüber war ich mir klar, daß ich bei den Witterungsverhältnissen nicht mehr, wie ursprünglich geplant, noch am selben Tage bis Augsburg gelangen konnte. Ich ließ den Ballon bis 600 m Höhe ansteigen, um die im Nebel liegenden Erhebungen sicher überfliegen zu können, und nahm den Kurs aus dem Taubertal heraus nach Osten. Bald befanden wir uns im dichtesten Nebel, der bis auf die Erde lagerte, so daß von der Gondel aus absolut nichts mehr zu erkennen war. Da ich wußte, daß der Wind mit ziemlicher Stärke aus Südosten wehte, unser Kurs aber fast genau nach Osten führte, war es ohne Orientierung mit der Erde unmöglich, Nürnberg zu erreichen. Ich entschloß mich also notgedrungen zu einer Zwischenlandung, um das Aufklaren des Wetters abzuwarten.

Ich mußte sehr vorsichtig zu Werke gehen, da ich in dem stark durchschnittenen Gelände mit Kuppen bis 500 m Höhe bei dem bis zur Erde reichenden Nebel leicht mit Wäldern oder Ortschaften kollidieren konnte. Beim Heruntersteuern bemerkte ich bereits aus 400 m Höhe ganz dicht unter mir ein kleines Dorf in tief eingeschnittenem Tale und sah die ganze Bevölkerung auf den Beinen, die anscheinend durch das Geräusch der Propeller auf das Luftschiff aufmerksam geworden war, ohne es selbst im Nebel sehen zu können. Es gelang mir, auf einer kleinen Anhöhe neben dem Dorfe zu landen. Leute erfaßten das Schleppseil, und das Luftschiff wurde sofort an Ort und Stelle verankert. Es stellte sich heraus, daß wir bei dem Dorfe Wenkheim gelandet waren, und ich stellte weiter fest, daß wir, trotzdem wir den Kurs genau nach Osten mittels Kompasses genommen hatten, von der Linie Tauberbischofsheim—Nürnberg 10 km nördlich abgetrieben worden waren. Die vorhandene Zeit wurde nun ausgenutzt und das Schiff in all seinen Teilen revidiert, wobei es sich herausstellte, daß es völlig intakt war. Anstatt des verbrannten Benzins und Öls im Gewicht von 300 kg wurde ebensoviel Wasserballast an Bord genommen. Als dann gegen Mittag die Sonne durch den Nebel kam und schließlich diesen zerstreute, wurde die Fahrt mit Kurs über Würzburg fortgesetzt.

Nun ging es weiter die Bahnlinie entlang über Neustadt—Fürth auf Nürnberg. Schon von weitem leuchteten uns die von den Strahlen der scheidenden Sonne vergoldeten Zinnen und Türme des alten Nürnberg, überragt von seiner ehrwürdigen Hohenzollernburg, entgegen. Man konnte sich ins Mittelalter versetzt glauben, wenn wir nicht eben in der Luft schwebten. Um 5 Uhr kreuzten wir endlich über der Burg, während von dort und aus der Stadt selber die jubelnden Hurrarufe der Bevölkerung zu uns heraufdrangen. Was würden wohl die alten hohenzollernschen Burggrafen gesagt haben, wenn plötz-

Abb. 64. P L. 3 über der Burg von Nürnberg

lich über ihrer uneinnehmbaren Burg ein solch fliegendes Ungeheuer erschienen wäre?

Nach einer kleinen Kreuzfahrt über der Stadt landete schließlich das Schiff glatt auf dem Dutzendteich, der schon dem Zeppelin-Luftschiff als Landungsplatz gedient hatte. Unter dem brausenden Hurra der ca. 60000 Köpfe betragenden Volksmenge wurde das Schiff von geschäftigen Händen an den ausgeworfenen Seilen vollends heruntergezogen. Wie hier auch schon beim ‚Zeppelin‘, durchbrach das Publikum die Absperrung und drängte sich ganz nahe an die Gondel heran. Selbst eine reichliche Abgabe von Wasserballast konnte die Begeisterung nicht dämpfen. Das Luftschiff wurde nun verankert, und ich entschloß mich zu übernachten, da die Nacht hereinbrach, wodurch die Orientierung auf der Strecke nach Augsburg, speziell durch den zu überfliegenden Fränkischen Jura, unnötig erschwert worden wäre und weil es nicht in unserer Absicht lag, in Augsburg während der Nacht anzukommen. Das Luftschiff war bis Nürnberg 12 Stunden in der Luft gewesen und hatte dabei 300 km zurückgelegt, also eine mittlere Stundengeschwindigkeit von nur 25 km entwickelt, hervorgerufen durch den immerfort wehenden Gegenwind und die Zwischenlandung.

Die Verankerung wurde nun derart bewerkstelligt, daß sowohl der Kopf des Ballons als auch die Gondel durch ein System von Drahtseilen mit dem Anker fest verbunden wurde, der seinerseits aus einem in die Erde eingegrabenen Betonklotz mit eisernem Ring be-

Abb. 65. P L. 3 über der Burg von Nürnberg

stand. Dem Luftschiff wurde dann so viel Auftrieb gegeben, daß es je nach der Windrichtung frei um den Anker schwingen konnte.

Am nächsten Morgen herrschte wieder dichter Nebel, der aber zum Glück gegen ½10 Uhr verschwand. 9 Uhr 55 Minuten erhob sich der ‚Parseval‘ wieder in die Lüfte, um nun endlich Augsburg zu erreichen. Jetzt galt es, den 900 m hohen Fränkischen Jura zu überfliegen. Trotz der durch einen feinen Sprühregen hervorgerufenen recht unangenehmen Belastung der Hülle wurde durch Aufwärtsstellung des Schiffes auf rein dynamischem Wege ohne Ballastausgabe die gewünschte Höhe erreicht.

Als wir glücklich gegen ½1 Uhr den Jura überflogen hatten, dehnte sich auf der anderen Seite zu unserer großen Freude und zugleich großem Erstaunen im hellsten Sonnenglanze vor uns das Donautal und die Lechebene aus, die sich schier endlos nach Süden zu ohne die geringste Erhebung erstreckte und in der der Lech uns die genaue Richtung nach Augsburg wies. Wie jedes Ding seine zwei Seiten hat, so war die Sonnenbestrahlung für uns insofern unangenehm, als sich bei dem Schiffe durch das schnelle Trocknen der Hülle und durch die Erwärmung des Gases ein starker Auftrieb geltend machte. Durch die dynamische Wirkung wurde dann nicht nur das Schiff am Steigen verhindert, sondern es gelang auch, ohne Ventilzug in das Donautal hinunterzufahren und die Fahrt in verhältnismäßig geringer, Höhe über dem Lechtal fortzusetzen. Um 1 Uhr 40 Minuten wurde Augsburg erreicht, und wir landeten auf der Reitwiese südlich der Stadt, von einer großen Menschenmenge jubelnd begrüßt, nachdem wir vorher eine Schleife um den Rathausturm und eine Kreuzfahrt über der Stadt vollführt hatten. Man konnte erkennen, daß die Ankunft des ‚Parseval‘, dessen Konstrukteur in der Stadt beheimatet gewesen war, für diese ein großes Ereignis sein mußte, da die Stadt reichen Flaggenschmuck angelegt hatte, um das Schiff in würdiger Weise zu feiern.

Trotzdem es noch früh am Tage war und wir die Fahrt nach München wohl noch hätten fortsetzen können, entschloß ich mich, die Nacht in Augsburg zu verbringen, da ich den Bewohnern nicht gern durch einen zu kurzen Aufenthalt eine Enttäuschung bereiten und auch der Umgebung Gelegenheit geben wollte, das Schiff kennen zu lernen.

Die eingetretenen Gasverluste wurden in Augsburg, ebenso wie schon vorher in Nürnberg, durch Neuaufnahme von 200 cbm Wasserstoffgas ersetzt.

Als ich am nächsten Morgen, dem 14. Oktober, die Fahrt nach München fortsetzen wollte, war der Ballon in der Nacht infolge starken Nebels so naß geworden, daß ich mich entschloß, die Sonne abzuwarten, um nicht durch die eingetretene starke Belastung gezwungen zu sein, weniger Passagiere mitzunehmen. Da es die Sonne sehr gut meinte, trocknete die Hülle ziemlich schnell, und gegen 10 Uhr konnte ich wieder aufsteigen. An Passagieren waren, meiner Einladung folgend, neu dazugekommen: der Divisionskommandeur in Augsburg, Sr. Exzellenz Graf Bothmer, der Regierungspräsident Exzellenz v. Praun und Oberbürgermeister Wolfram. Bei schwachen südwestlichen Winden und herrlichstem Sonnenschein ging die Fahrt direkt nach München. Das prachtvolle Wetter hielt fast auf der ganzen Fahrt an; erst kurz vor München gerieten wir in einen dichten Rauchnebel, der uns leider die Aussicht auf die Stadt verwehrte und nur einige Durchblicke gestattete. Erst nachdem wir Pasing passiert hatten, tauchten die Frauentürme, das Wahrzeichen der bayrischen Hauptstadt, vor uns auf.

Ganz München war auf den Beinen, von den Dächern, den Straßen, den Plätzen wurde uns zugejubelt, und als wenn der Himmel uns belohnen wollte, brach die Sonne wieder durch die Wolken und bereitete uns eine herrliche Landung auf Oberwiesenfeld, wo uns ein buntes Bild empfing. Zelte waren aufgeschlagen, die Sanitätskolonnen zur Stelle, Schwere Reiter mit ihren Lanzen hielten Wache, das Feld wimmelte von

Abb. 66. Die Fahrgäste: links Exz. Praun, dann Oberbürgerm. Wolfram und Graf Bothmer, dahinter Major Stelling

Militär, die vollgepfropften Straßenbahnen, Droschken, Automobile brachten immer größere Menschenmassen herbei. Auffallend geschickt waren die Absperrungsmaßregeln hier arrangiert, so daß es zu keinem Durchbruch der Massen kam.

Um 2 Uhr nachmittags stieg ich mit denselben Passagieren an Bord wieder auf. Nach einer kurzen Rundfahrt über der Stadt nahm ich den Kurs nach Nordwesten. Als wir das

Abb. 67. München mit den Frauentürmen

Abb. 68. P L. 3 in München

Weichbild der Stadt hinter uns hatten und der Bahnlinie entlang in der Richtung auf Augsburg fuhren, sah ich bereits mit großer Sorge am südwestlichen Horizont sich dunkle Wolken auftürmen. Zugleich bemerkte ich, daß die Geschwindigkeit des Schiffes, das bis jetzt ganz gut gegen den Wind vorwärtskam, sich verringerte. Meine Sorge wurde leider zur Gewißheit, als ich die genannten Gewitterwolken in großer Schnelligkeit auf uns zukommen sah, und ich war mir klar darüber, daß wir vor dem Ausbruch eines erheblichen Gewittersturmes standen, mit dem wir zunächst, wollten wir Augsburg noch erreichen, den Kampf aufzunehmen hatten. Der Wind verstärkte sich inzwischen von Minute zu Minute, und ich brachte, um auf alles vorbereitet zu sein, die Motoren auf die höchste Tourenzahl, als auch schon die erste Bö, verbunden mit einem wolkenbruchartigen Regen, mit so großer Gewalt über uns hereinbrach, daß das Luftschiff in 100 m Höhe erfaßt und rückwärts geworfen wurde. Bö folgte nun auf Bö. Immer weiter kämpfte das wackere Schiff, das auch durch den Regen sehr beschwert worden war, mit wechselndem Erfolge gegen den Orkan an, ohne vorwärtszukommen. Die Böen wurden eher stärker als schwächer. Da setzte der Wind noch einmal mit solcher Gewalt ein, daß das Schiff nun, wenn auch langsam, den Elementen weichen mußte. Ich entschloß mich, bis dicht über den Erdboden herunterzugehen, in der Hoffnung, dort, wo der Wind infolge der Reibung mit der Erde ja immer etwas schwächer ist, doch noch vorwärtszukommen. Ich taxierte den Sturm auf mindestens 18 m pro Sekunde. Das Gelände, in dem wir uns seit Einsetzen des Sturmes befanden, war so ungünstig wie möglich. Auf der einen Seite ein Dorf, auf der anderen ein Wald, vor uns eine Anhöhe, mußten wir bei den nun folgenden Manövern unsere ganze Aufmerksamkeit darauf richten, das Schiff, welches vom Sturme auf dem verhältnismäßig engen Raume fortgesetzt hin und her geschleudert wurde, in dem sehr durchschnittenen Gelände an Wäldern oder Dörfern nicht scheitern zu lassen. So brachte ich es schließlich im stetigen weiteren Kampfe mit dem Sturm bis dicht über den Erdboden. Dort war es nicht zu vermeiden, daß die Gondel ab und zu den Erdboden streifte. So ging die Fahrt langsam weiter, halb schleifend, halb wieder in großen Sprüngen. Tüchtig wurden die Insassen durcheinandergerüttelt. Eine Rinderherde, über die wir gerade noch in einem Sprung hinwegkamen, hatten wir bei der tollen Fahrt beinahe auf der Strecke. Die beiden Schleppseile hatte ich für alle Fälle ausgeworfen, da ich damit rechnete, daß der Sturm bis zum Einbruch der Dunkelheit anhalten könnte und ich gezwungen würde, an Ort und Stelle zu übernachten.

Endlich kam der nach wohl zwei Stunden vergeblichen Kampfes lang ersehnte Moment, wo das Schiff Boden gewann und langsam gegen den heftigen Sturm vorwärtskam, wenn auch nur in ganz niedriger Höhe. Während es sich so langsam vorwärtsarbeitete, waren uns die beiden Schleppseile durch ihre Reibung mit dem Erdboden hinderlich. Kurz entschlossen kappte ich das eine, das andere wurde unter tatkräftiger Unterstützung der beiden Exzellenzen in die Gondel gezogen, eine nicht unerhebliche Arbeit, wenn man bedenkt, daß das Seil 80 kg wog und durch sein Schleifen über dem durchweichten Erdboden fürchterlich schmutzig geworden war. Dann ging es endlich in nur 10—20 m Höhe gegen den immer noch starken Sturm durch das kupierte Gelände vorwärts, immer noch in nicht geringer Gefahr, mit Wäldern, Häusern usw. zu kollidieren. Erst als nur noch ein Wind von allerdings immer noch 10 m Stärke aus Südwesten wehte, wagte ich es, weiter in die Höhe zu steuern, und endlich war der Kampf des ‚Parseval‘ mit den Elementen zu seinen Gunsten entschieden. Wir erreichten, in 50—75 m Höhe fahrend, nach Überfliegen des Lechs bei Einbruch der Dunkelheit glücklich Augsburg.

Da vorher allerlei unkontrollierbare Gerüchte über einen Unfall des Luftschiffes in Augsburg kursierten, wurden wir mit um so größerem Jubel empfangen. Diese Sturmfahrt ist wohl die stärkste Probe gewesen, die von einem Parseval-Luftschiff bisher zu bestehen war und die es meiner Überzeugung nach, in der ich wohl nicht vereinzelt dastehe, auch glänzend bestanden hat. Bei schlechtem Wetter wurde das Luftschiff auf seinen alten Landungsplatz verankert und hatte noch während der Nacht Regen und weiteren starken Wind von ca. 10 Sekundenmeter Stärke auszuhalten. Erst gegen Morgen hörte der Regen auf, der Südwestwind drehte sich nach Südosten und flaute ganz ab.

Bei wunderschönem Wetter konnte um 10 Uhr, nachdem der Ballon getrocknet war, die weitere Rückreise angetreten werden. Mein nächstes Ziel war Stuttgart, dessen Luftschifferverein mir durch einen Bevollmächtigten eine Einladung zu einer Zwischenlandung hatte übermitteln lassen. Bei einer leichten Südostbrise verließ das Luftschiff Augsburg und steuerte zunächst nach Günzburg a. D., von da aus stromaufwärts, der Donau mit ihren dichtbewaldeten Ufern und malerisch darin eingebetteten Dörfern folgend, bis Ulm. Kurz ehe wir hier ankamen, trat leider ein kleiner Defekt an der Ventilatorwelle des einen Kühlers ein, wodurch wir gezwungen wurden, die weitere Fahrt nur mit einem Motor auszuführen, der allerdings beide Propeller antreiben konnte, aber naturgemäß nur mit geringerer Tourenzahl, da ja nur die halbe Kraft zur Verfügung stand. Dadurch wurde auch die Eigengeschwindigkeit des Schiffes erheblich vermindert. Zum Glück hatten wir aber den Wind von seitwärts-rückwärts, so daß die Fahrt immer noch ganz flott vonstatten ging. Aber der Plan, bis Frankfurt durchzufahren, war dadurch vereitelt; in Stuttgart mußte unbedingt die Reparatur vorgenommen werden.

In Ulm wurde unter dem jubelnden Beifall der Menge das Münster umkreist, und dann ging es weiter mit direktem Kurs nach Nordwesten auf Stuttgart. Als Geislingen passiert war, galt es für den Parseval-Ballon, den höchsten Punkt der ganzen Reise zu überwinden, die Rauhe Alb. Bald kreuzten wir auch in 1200 m Höhe über den ganz eigenartigen Gebirgsformationen, die durch ihre kahlen Klippen und fast vegetationslosen weiten Flächen einen unvergeßlichen Eindruck auf uns machten. Ein ziemlich kalter Wind bewirkte ein sofortiges Fallen des Schiffes, dem ich durch fortgesetztes starkes Aufwärtssteuern auf dynamischem Wege begegnen mußte. Nach Überfliegen der Rauhen Alb erreichten wir in guter Fahrt den Neckar bei Blochingen. Voll ließen wir den Kontrast auf uns einwirken gegenüber der trostlosen Einöde des Gebirges, als wir das liebliche Neckartal abwärts unseren Weg weiter verfolgten.

Technisch interessant war hier die dynamische Wirkung der Höhensteuerung; es zeigte sich, daß sie trotz der geringen Eigengeschwindigkeit noch vollauf genügte, um ein Ventilziehen oder Ballastgeben unnötig zu machen. Allerdings mußten größere Schrägstellungen angewandt werden.

Bald landeten wir denn auch als erstes Luftschiff auf dem Wasen in der Hauptstadt Württembergs, dem Heimatlande des Grafen Zeppelin, und zum Lobe der Stuttgarter muß es gesagt sein: als die Landung erfolgte, zollte eine vieltausendköpfige Menge, trotz der begreiflichen Anhänglichkeit und Begeisterung für den Grafen Zeppelin, neidlos auch dem Parseval-Luftschiff ihre vollste Anerkennung und brach in jubelnde Hurrarufe aus. Der Empfang erfolgte in liebenswürdigster Weise durch einen Vertreter des Königs und Mitglieder der obersten Behörden.

Das Luftschiff wurde sofort verankert. Unsere erste Sorge galt nunmehr der Reparatur, welche durch die große Liebenswürdigkeit der Daimler-Werke, deren Direktor, Herr Daimler selbst, sich sofort zu unserer Verfügung stellte, in so kurzer Zeit bewerkstelligt wurde, daß die Montage der Welle noch im Laufe der Nacht erfolgen konnte.

Leider aber trat noch während der Nacht ein Witterungswechsel ein. Ein heftiger Südwestwind rüttelte ungeduldig an dem verankerten Luftschiff, als wenn er es nicht erwarten konnte, sich mit ihm zu messen, doch die schon so oft bewährte Verankerung hielt diesen Versuchen stand. Als der Morgen hereinbrach, ohne daß der Wind nachgelassen hatte, noch es auch für die nächste Zeit zu erwarten war, trafen wir die Vorbereitungen zur Abfahrt, um möglichst noch im Laufe des Nachmittags Frankfurt erreichen zu können, da wir damit rechnen mußten, daß der zur Zeit aus Südwesten wehende Wind im Laufe des Tages nach Nordwesten herumdrehen, das Erreichen Frankfurts verzögern und damit die glückliche Beendigung der bis dahin so gut verlaufenen Fahrt in Frage stellen würde. Aus diesem Grunde mußten wir leider auch die Einladung der Stadt Heilbronn zu einer Zwischenlandung absagen.

Die uns in nördlicher Richtung führende Fahrt erfolgte zunächst über Ludwigsburg nach Heilbronn mit Hilfe des sehr starken Südwestwindes, so daß bis dahin eine Geschwindigkeit von ca. 90 km in der Stunde erreicht wurde. Aber nun drehte sich der Wind nach Westen, und es wurde außerordentlich schwer, auf dem weiteren Kurs von Heilbronn aus den Neckar entlang nach Nordwesten gegen den starken Westwind auf zukommen. Immer den Kopf des Ballons in den Wind hineingedreht, mußten wir uns mühsam weiterarbeiten. Zuweilen kämpften wir eine Viertelstunde lang auf einer Stelle, dann wieder ganz plötzlich schoß der Ballon mit einer Geschwindigkeit von ca. 30 km und mehr vorwärts. Ein Beweis, wie böig und von welch wechselnder Stärke der Westwind war.

In dem sehr engen Neckartal bei Heidelberg staute der Westwind sich derartig und nahm einen solchen böenartigen Charakter an, daß es unmöglich war, bei dem bisherigen Kurs aus eigener Kraft die Rheinebene zu erreichen. Das Schiff wurde vielmehr wie ein Spielball hin und her geworfen, so daß es Gefahr lief, an den Talhängen anzustoßen. So kurz vorm Endziele zog ich es doch vor, dem Wettergotte nicht zu trotzen, sondern schloß einen

Kompromiß mit ihm, indem ich mein Schiff aus dem Tale heraus nach Norden über den Odenwald lenkte. Als wir dieses Gebirge in 800 m überflogen hatten und die Bergstraße erreichten, nahm die Geschwindigkeit des Schiffes ganz erheblich zu. Unsere Befürchtung, daß der Wind nach Nordwesten drehen würde, war also nicht eingetroffen, er war im Gegenteil wieder nach Süden zurückgedreht. Mit einer Geschwindigkeit von 70 bis 80 km ging es nun die Bergstraße entlang, am Melibokus vorbei, über Darmstadt nach Frankfurt, wo wir um 2 Uhr nachmittags ganz unerwartet früh eintrafen. Die Landung erfolgte trotz des noch recht böigen Wetters glatt vor der Halle auf der ‚Ila‘. Das Schiff wurde von denselben ‚Ila‘-Mannschaften, die ihm nach jenem Morgen seiner Abreise ihr ‚Glückab‘ zugerufen hatten, mit einem dreifachen Hurra auf die Besatzung begrüßt und dann in seine mit frischem Grün bekränzte Halle gezogen, wo es das erste Mal seit langem, wieder sicher geborgen vor allen Zufällen der Witterung, sich der wohlverdienten Ruhe erfreuen konnte. Sehr tief rührte mich eine kurze Ansprache, die einer der ‚Ila‘-Leute in deren Beisein an die Besatzung und mich richtete, in der diese einfachen Leute ein Hoch auf die Besatzung ausbrachten zu dem glänzenden Erfolg, den sie mit dieser einzig dastehenden Fernfahrt für das System errungen hatten.

Ich halte es für angebracht, einen kurzen Überblick der bei der großen Fernfahrt gezeigten technischen Leistungen des Parseval-Ballons zu geben.

Während sich früher die Fahrten nie über einen Tag ausgedehnt hatten, trat an das Schiff zum ersten Male die Notwendigkeit heran, für mehrere Nächte des sicheren Schutzes seiner Halle zu entbehren. Vielfach hatte man dem unstarren Parseval-Ballon mit seiner tiefliegenden Gondel überhaupt die Fähigkeit abgesprochen, sich im freien Felde verankern zu lassen und ohne schützende Halle zu übernachten. Diese Ansicht ist durch die Erfahrung widerlegt worden. Vier Nächte hat das Luftschiff auf dieser Fahrt teilweise bei Sturm und Regen im Freien zugebracht, ohne daß eine Beschädigung eintrat. Infolge der starken feuchten Herbstnebel war die Ballonhülle vielfach andauernd triefend naß geworden. Schwere Gewitterstürme hatte sie über sich ergehen lassen müssen. Aber all diese Unbilden hat sie überstanden, ohne eine Einbuße an Festigkeit und Dichtigkeit zu erleiden. Der Ballon, der, wie bekannt, ein Volumen von 6700 cbm hat, hat in den fünf Tagen im ganzen nur eine Nachfüllung von 700 cbm Gas verbraucht. Die stärkste Anforderung wurde aber an die beiden NAG-Motoren gestellt. Sie haben nicht ein einziges Mal versagt oder den geringsten Defekt erlitten. Auch für die Navigierung des Luftschiffes bot die große Fahrt viele interessante und lehrreiche Momente. So ist die fünftägige Fahrt, bei der das Luftschiff ca. 1000 km zurückgelegt hat, ohne jeglichen Ballastverbrauch absolviert worden, obgleich das Luftschiff längere Zeit in Höhen von 1000 bis 1200 m gefahren ist. Alle Höhenänderungen wurden auf dynamischem Wege bewirkt. Dadurch nur ist es möglich gewesen, bei den vielfachen starken Nebeln, dicht über dem Erdboden, den Geländewellen folgend, mit Orientierung überhaupt zu fahren. Das schwere Unwetter auf der Fahrt von München nach Augsburg hat das Luftschiff, ohne Schaden zu nehmen, bezwungen, in jeder noch so kritischen Lage folgte es unbedingt dem Willen seines Führers. Auch als nach vollendeter Fahrt in Frankfurt eine genaue Durchmusterung des ganzen Luftschiffes in allen seinen Teilen vorgenommen wurde, zeigte es sich, daß der Ballon vollständig intakt und sofort wieder verwendungsbereit war.‘‘

Abb. 69. Luftschiffparade in Köln

So weit der Bericht Stellings. Ein modernes Luftschiff mit einer doppelt so großen Geschwindigkeit als sie der PL. 3 damals hatte, und mit einem mehrfach vergrößerten Volumen, eignet sich nicht für Fahrten so dicht am Boden. Es muß in Fällen von dichtem Bodennebel über dem Nebel fahren und die Orientierung durch Funkentelegraphie finden. Nur an den Landungsplätzen ist es dann notwendig, dicht an den Boden herabzugehen und eventuell in die Nebelschicht herabzutauchen. Hier kann die Orientierung durch Auflassen von Raketen, die über die Nebel emporgelangen, oder durch Abgabe von Schüssen unterstützt werden.

Einen Tag nach der Rückkehr des PL. 3 wurde die „Ila" geschlossen und der PL. 3 sollte nunmehr in seinen Heimathafen nach Bitterfeld zurückkehren, als der Befehl eintraf, daß das Schiff an den ersten deutschen Luftschiffmanövern bei Köln teilnehmen sollte. Am 28. Oktober verließ der PL. 3 das gastliche Frankfurt und nahm Kurs den Rhein entlang nach Köln. Bei Bonn kam das Schiff in einen Luftwirbel, wurde völlig herumgedreht und um 200 m in die Höhe gerissen, konnte aber die Fahrt unbeschädigt fortsetzen. Bei starkem Wind wurde es Nachmittags auf dem Landungsplatz bei Köln verankert, da in der Halle für ihn vorerst kein Platz war. In Köln war eine ungleiche Gesellschaft versammelt: der kleine P. I, das Militärschiff M III, der Z. III und schließlich der P. III, der von diesen der schnellste und zuverlässigste war. Die kurzen Tage und die Herbstnebel verhinderten die Schiffe, große Fahrten zu machen und ihre Leistungsfähigkeit voll zu entwickeln.

Bei der Rückfahrt nach Bitterfeld flog das Schiff über Köln, den Westerwald und die romantische Wartburg, auf deren Turm ein Leuchtfeuer im Abenddunkel den Weg zeigte, bis Gotha. Dort wurde der Entschluß gefaßt, die Nacht zu verbringen; aber diesmal verhinderte das schlechte Wetter die Beendung der Reise. Ein heftiger Sturm mit Schneetreiben setzte ein und das im Freien verankerte Schiff hielt dem Wind zwar stand, aber der Schnee häufte sich in solchen Massen auf den horizontalen Stabilisierungsflächen an, daß die Rahmen unter der großen Last zerbrachen. Das Schiff mußte daher durch Ziehen der Reißleine entleert werden, da es seiner Steuerorgane beraubt war.

Daß hierdurch das Vertrauen nicht gelitten hatte, zeigte der Umstand, daß das Schiff von der Militärbehörde angekauft wurde, nachdem es vorher 61 Fahrten ausgeführt hatte.

DER PL. 5

Ein vielbenutztes Schiff war ferner der PL. 5, der als „Luftdroschke" gebaut war und nur ein Volumen von 1200 cbm und einen Motor von 25 PS hatte — also wirklich nicht einmal soviel als heutzutage ein Droschkenmotor. Im allgemeinen konnten 2—3 Gäste mitgenommen werden; seine längste Fahrt — 150 km — war die Überführungsfahrt von Bitterfeld nach Berlin, die 3¾ Stunden dauerte. Bei der geringen Eigengeschwindigkeit von ca. 10 m konnte er natürlich nur kurze Fahrten bei schönem Wetter machen. Das Schiffchen hatte eine hübsche Stromlinienform und konnte mit einer sehr vereinfachten Steuerung auskommen, so daß zwei Mann zur Bedienung genügten. Nach 150 Passagierfahrten unter Führung des Majors Dinglinger verbrannte der PL. 5 leider im Jahre 1911 in München beim Entleeren der Hülle.

DER PL. 6

Eine Konstruktion des Jahres 1909 war der PL. 6, der als Ausstellungsschiff für München erbaut wurde. Er hatte einen Inhalt von 6800 cbm und gleich dem PL. 3 zwei NAG.-Motoren von je 100 PS. Die Motoren standen hintereinander, so daß die Gondel länger und schmäler war. Die bessere Stromlinienform des Ballons und der Gondel ergaben gegen den PL. 3 eine um einen vollen Meter höhere Geschwindigkeit von 15,2 m bei einer größeren Trag-

Abb. 70. PL. 5

Abb. 71. PL. 6

kraft: er konnte bis 12 Passagiere tragen. Nach Erledigung der Probefahrten unternahm das Schiff zunächst eine Besuchsfahrt von Bitterfeld nach dem nahegelegenen Dresden, wobei es die Nacht über im Freien verankert liegen sollte. Nach längerem Warten das für das ungeduldige Dresdner Publikum ebenso peinlich war wie für den Führer, gestaltete sich die Wetterprognose am 11. Juni so günstig, daß die Fahrt gewagt werden konnte.

Das Schiff wurde begeistert empfangen, mußte aber schon um 4 Uhr früh am 12. Juni die Rückfahrt antreten, da das Wetter umzuschlagen drohte. Starker Nebel führte zum Verlust der Orientierung und veranlaßte eine Zwischenlandung; doch wurde noch vor Eintritt eines drohenden Gewitters der Heimathafen Bitterfeld erreicht.

Eine kritische Fahrt war die Überführungsfahrt von Bitterfeld nach München am 31. August 1910. Das Luftschiff trat die Reise um Mitternacht an, zunächst über Delitzsch-Leipzig. Hierüber berichtet das Jahrbuch der Luftfahrzeug-Gesellschaft:

„Schon 3 Uhr 40 Minuten sahen wir uns infolge Bruchs eines Schraubenflügels gezwungen, ohne jede Hilfe in dichtem Nebel auf taufeuchtem Felde bei Lobstedt zu landen. Ein Reserveflügel wurde eingesetzt; aber durch den Gasverlust bei der Landung war der Auftrieb zu gering, zumal das Schiff durch den Nachttau stark belastet war. Wir warteten deshalb die gütige Mitwirkung der aufgehenden Sonne ab und setzten um 7 Uhr 50 Minuten die Fahrt fort über Altenburg, Plauen, Hof zum Übernachtungsplatz in Bayreuth. Allein, ein wolkenbruchartiges Gewitter über Bayreuth, dessen wasserreiche Ausläufe wir zu fühlen bekamen, zwang uns 3 km vor Bayreuth bei Goldkronach zu einer abermaligen Zwischenlandung, und erst nach zweistündigem Warten konnten wir die letzte Etappe des Tages antreten. Nach 15 Minuten Fahrt traf das Schiff auf dem fast in einen Sumpf verwandelten Exerzierplatz ein. In der Nacht wurden 500 cbm neues Gas nachgefüllt, zumal die vorhandene Füllung bereits acht Wochen alt war. Nachdem sich am anderen Morgen der im Fichtelgebirge lagernde Nebel einigermaßen verzogen hatte und die Sonne ihre trocknenden Strahlen auf das Schiff wirken ließ, wurde 8 Uhr 45 Minuten die Weiterfahrt angetreten. Nach schwieriger Fahrt durch das schluchtenreiche Tal der Naab, bei den starken Mittagsböen, sahen wir bereits das breite Band der Donau und den herrlichen Dom von Regensburg. Allein, kurz hinter Regensburg bei Köfering brach ein weiterer Schraubenflügel, der uns zu einer nicht ganz leichten, aber immerhin für Schiff und Mannschaft schadlosen Landung zwang. Der letzte Reserveflügel wurde eingesetzt, die immer heftiger auftretenden Mittagsböen abgewartet und nach vierstündigem Aufenthalt die Weiterfahrt angetreten. In eiligem Flug an Landshut, Moosburg, Freising vorbei ging die Fahrt, bis aus fernem Dunste Münchens Wahrzeichen, die ,Frauentürme', den kühnen Fahrern das Ziel anzeigte. Auf dem direktesten Wege steuerte das Schiff der Halle zu, um nach 43 stündiger Abwesenheit von Bitterfeld sehr glatt vor der Halle zu landen."

Die Tätigkeit des PL. 6 auf der Ausstellung in München verlief ohne Zwischenfall, obwohl der zur Verfügung stehende Landungsplatz recht schlecht war. Er war nur 150 m lang und 80 m breit und lag zwischen einer stark befahrenen Bahnlinie und dem eingezäunten Ausstellungsgelände mit seinen Hochbauten und Starkstromleitungen. Auch war das Wetter teilweise schlecht. Wenn trotzdem 38 Fahrten ohne Störung gemacht werden konnten, so ist dies ein rühmlicher Beweis für die große Geschicklichkeit und die Umsicht des Führers Major Stelling.

Die Fahrten erstreckten sich zunächst nur in die nähere Umgebung von München, später aber, als mit der Erfahrung mehr Sicherheit gewonnen war, wurden die oberbayrischen Seen besucht, der Starnberger See, der Tegern- und Kochelsee, endlich der Chiemsee. Die interessanteste und landschaftlich schönste Fahrt war aber die Fahrt am 28. September bis über den Eibsee an die Wände der Zugspitze.

Abb. 72. Schloß Puchau bei Wurzen. Dresdner Fahrt des PL. 6

Abb. 73. Oschatz in Sachsen. Dresdner Fahrt des PL. 6

Um 12 Uhr mittags stieg das Schiff auf, flog über den Starnberger und Kochelsee, das Loisachtal entlang über Garmisch und erreichte bereits um 2 Uhr den Eibsee mit seiner tiefdunkelgrünen Flut. In 1400 m Höhe fuhr das Schiff die kolossalen Wände des großen Bergmassivs entlang, die es drohend und majestätisch um fast 1600 m überragten.

Der kurze Herbsttag zwang hier zur Umkehr und um 5 Uhr 30 Minuten landete der PL. 6 wohlbehalten in München. Hier fanden sich der Prinz Ludwig von Bayern und der Graf Zeppelin an der Gondel ein und äußerten den lebhaften Wunsch, eine Fahrt mitzumachen.

Der Moment war allerdings nicht sehr glücklich, da das Schiff durch den Aufenthalt in der Höhe über 10 Prozent seines Gases verloren hatte und die Abkühlung des Abends den Auftrieb außerdem noch verminderte. Zum Nachfüllen des Ballons war aber keine Zeit gegeben, und so wurden alle Betriebsstoffe bis auf das notwendige Maß aus der Gondel entfernt und es gelang, den Ballon so weit zu erleichtern, daß eine kurze Rundfahrt über München gemacht werden konnte, die die beiden hohen Fahrgäste außerordentlich befriedigte.

Noch fand eine größere Fahrt nach Straubing in das Herz Niederbayerns statt; dann ging die Ausstellungszeit zu Ende. Das Schiff hat in dieser Periode 3500 km zurückgelegt und dabei eine mittlere Reisegeschwindigkeit von 40 km in der Stunde (11 m pro Sekunde) entwickelt. Pro Fahrtstunde hat es etwa 50 kg Benzin und Öl, im ganzen etwa 4000 kg, verbraucht.

Abb. 74.. Landungsplatz des PL. 6 in Dresden

Nunmehr wurde PL. 6 auf dem Luftwege von München über Plauen nach Berlin über-
führt und bezog zunächst die Halle in Johannistal, um an der Flugwoche teilzunehmen.
Die ganze Zeit war aber das Wetter so stürmisch, daß das Schiff nicht zur Tätigkeit
kam.

Nachdem es dann in der Drehhalle der Firma Siemens-Schuckert in Biesdorf eine neue
Füllung erhalten hatte, wurde es von der Luftverkehrs-Gesellschaft, die das Schiff ge-
pachtet hatte, zu einer Besuchstour in die Nordmark geschickt; es wurden Schwerin, Kiel
und Hamburg besucht. Die Halle in Kiel wurde mit Schwierigkeiten erreicht; denn dichter
Nebel zwang zu einer Zwischenlandung wie seinerzeit bei Würzburg. Eine recht unangenehme Fahrt war die Strecke Kiel—Hamburg. Sie mußte unter einer tiefen Wolken-
decke in einer mittle-
ren Höhe von nur
30 — 40 m zurückge-
legt werden und bei
lebhaftem Gegenwind
und heftigen Böen war
die Steuerung außer-
ordentlich anstrengend.
Schließlich wurde bei
etwas höherer Lage der
Wolken Hamburg er-
reicht und auf der
Bahrenfelder Rennbahn
wurde das Schiff veran-
kert. Hiermit schien aber
der Wettergott nicht
einverstanden gewesen

Abb. 75. PL. 6 startet in Bayreuth

zu sein. In der Nacht kam ein von der Seewarte vorher angekündigter Sturm, und der Führer sah sich gezwungen, um das Material zu erhalten die Reißbahn zu ziehen und das Schiff zu entleeren. Es war der 8. November; die Saison war für das Luftschiff lang genug gewesen, und es ist erstaunlich, daß unter diesen Verhältnissen so viel geleistet werden konnte.

Abb. 76. PL. 6 beim Herausbringen aus der Münchner Halle

ERGEBNISSE

In den Jahren 1909 und 1910 war somit eine Art Vergnügungs-Luftschiffbetrieb durchgeführt worden, der ein Urteil über das Parseval-System gestattet.

Zunächst ist festzustellen, daß dreimal Materialbeschädigungen, aber keine Verletzung eines Menschen vorgekommen ist. Bei den Fahrten wurden eine Anzahl unvorbereiteter Zwischenlandungen durchgeführt, die sämtlich gelangen. Das Schiff war im ganzen sieben Nächte über im Freien. In einem Falle mußte hierbei das Schiff mittels der Reißleine entleert werden, um es der Einwirkung eines heftigen Sturmes zu entziehen.

Als der gefährlichste Feind der Luftschiffahrt erwies sich der Nebel, eine Erfahrung, die auch bei Flugzeugen zur Genüge gemacht ist.

Das finanzielle Resultat war aber nicht befriedigend. Der Sommer 1909 in der „Ila" kann nicht zum Vergleich herangezogen werden, da die Fahrten sehr häufig mit nicht zahlenden Gästen stattfanden. Aber auch das Ergebnis der Parseval-Gesellschaft in München mit einem wesentlich besseren Schiff war ungünstig.

Auch der Versuch, im Winter 1910—1911 das Schiff in abendlichen Fahrten zur Reklame zu benutzen, indem auf die weiß überzogene Unterseite Werbebilder projiziert wurden — eine Einrichtung, die von Herrn Ingenieur Wankmüller konstruiert war — hatte keinen befriedigenden Erfolg, da die Fahrten wegen des häufigen Nebels nicht regelmäßig genug stattfinden konnten. Somit zeigte sich, daß zunächst die militärische Verwendung der Luftschiffe ihr wichtigstes Gebiet sein würde.

DIE LUFTFAHRZEUG-GESELLSCHAFT

Im Jahre 1911 wurde die Motorluftschiff-Studiengesellschaft, nachdem ihr Kapital restlos verbraucht war, liquidiert. Sie hatte ihre Aufgabe, die Konstruktion eines brauchbaren Prall-Luftschiffes festzustellen, erfolgreich gelöst. Auch hatte sie auf dem Gebiete der Flugzeuge vor-

Abb. 77. Die Festwiese in München in der Nähe der Ballonhalle

gearbeitet, indem sie das System der Amerikaner Brüder Wright in Deutschland ein führte.

Ihre Rechtsnachfolgerin wurde die Luftfahrzeug-Gesellschaft, die sich in Bitterfeld heimisch gemacht hatte und den Bau von Parseval-Luftschiffen aufnahm.

Hierbei war allerdings der deutsche Markt durch die Zeppelinbau-Gesellschaft belegt, die mit ihrer nationalen Dotation in der Lage war, viel großzügiger zu arbeiten, während die Luftfahrzeug-Gesellschaft ganz auf ihre eigen Hilfsmittel angewiesen war.

Dagegen hatte sie den Vorteil, daß ihr der äußere Markt offen stand, da ihre Schiffe verpackt und auf der Bahn und zu Schiff geliefert werden konnten. Hier traf sie aber auf den Wettbewerb Frankreichs, das namentlich in Rußland auch mit politischen Mitteln zu wirken verstand.

In technischer Hinsicht handelte es sich zunächst darum, die äußere Ballonform zu verbessern, und das gelang dem Herrn Ingenieur Naatz durch die Einführung der sogenannten Trajektorien, das sind schräg über den Ballon laufende Verstärkungen, die ein Verziehen der Hülle verhindern. An den nebenstehenden Abbildungen des Armeeluftschiffs PL. 16 und des Marineluftschiffs PL. 19 sind diese „Trajektorien" deutlich sichtbar. Auch sieht man, wie glatt die Form geworden ist im Gegensatz zu dem in dieser Beziehung nicht einwandfreien PL. 6

Diese beiden Schiffe zeigen den damals gängigen Typ. Beide hatten eine Größe von 10 000 cbm und zwei Maybach-Motoren von je 180 PS. Trotzdem erreichte der PL. 16 eine Geschwindigkeit von 19,5 m, der PL. 19 aber eine solche von 21,2 m in der Sekunde. Man sieht daraus, welchen Einfluß unscheinbare Veränderungen in der Anordnung haben können. Der PL. 16 hat noch die alte Gondel des PL. 6; beim PL. 19 ist die Gondel dicht an den Ballon herangezogen und ganz umkleidet, und das macht einen Unterschied in der Geschwindigkeit von 1,7 m aus! Durch Verminderung des Takelwerks hätte man damals noch etwa 1 m Geschwindigkeit mehr gewinnen können.

Man machte ferner die Beobachtung, daß die Starrschiffe unter gleichen Verhältnissen etwas größere Geschwindigkeiten erreichten als die Prallschiffe. Vielleicht war die Vermeidung kleiner Nebenwiderstände bei ihnen besser durchgeführt. Doch mag es wohl mit davon herkommen, daß die Ballonwände eines Starrschiffes bei der Fahrt wenig vibrieren und es leuchtet ein, daß die Vibration der straffgespannten Hüllen einen gewissen Energie-

Abb. 78. P L. 6 am Chiemsee

verlust zur Folge hat. Auch biegt sich der Prallballon beim Steuerschlag etwas, wenn auch für das Auge nicht merklich, durch. Die in die Wege geleitete Einführung von Stahlnetzen unter entsprechender Erhöhung des Innendrucks der Prallschiffe wird hier Abhilfe bringen.

Das Auslandsgeschäft ließ sich nicht schlecht an. Die Gesellschaft lieferte Schiffe nach Österreich, der Türkei, Rußland, Japan, Italien und England. In England war man mit den Schiffen recht zufrieden und bei Kriegsausbruch wurde ein für England bestelltes Schiff von der deutschen Regierung beschlagnahmt.

Sehr mißlich war es, daß die Gesellschaft nicht in der Lage war, ebenso große Schiffe zu bauen wie die Zeppelin-Gesellschaft. Erst ganz am Schluß des Krieges ging sie zu einem Mehrgondelschiff im Stile der Zeppelin-Schiffe über, blieb aber dann noch mit 27000 cbm weit hinter jenen zurück. Dadurch waren natürlich die Leistungen wesentlich geringer und das System konnte sich keine Geltung verschaffen.

Vorgreifend möchte ich nun noch des PL. 25 Erwähnung tun, des letzten nach dem Eingondeltyp gebauten Schiffes vom Jahre 1915.

Er hatte ein Volumen von 14000 cbm, war also größer als die anfänglichen Zeppelin-Schiffe. Mit zwei Maybach-Motoren zu je 210 PS erreichte er eine Geschwindigkeit von 21 m, ebensoviel wie der viel kleinere PL. 19. Die Form des Schiffes war außerordentlich schön. Vielleicht hätte eine etwas gedrungenere Gestalt noch bessere Resultate ergeben. Ein so großes Schiff mit nur einer Gondel zu bauen war ballontechnisch eine Höchstleistung, die die Gesellschaft mit Genugtuung erfüllen darf und die wohl nicht leicht überboten werden wird.

DIE FUNKEINRICHTUNG

Die Benutzung der Funkentelegraphie im Heeresdienste war um 1906 nichts Neues. Es bestanden bereits Funkerabteilungen, bei denen anfangs die Senderantenne mittels eines kleinen Drachenballons hochgehoben wurde. Eine besonders wichtige und dringliche Aufgabe war es, die Funkentelegraphie auch für den Gebrauch auf Luftschiffen einzurichten. Hier waren zwei Gesichtspunkte wichtig: Die Schaffung des Gegengewichts, als welches das Metallgerippe der Luftschiffe oder bei Prallschiffen die Metallteile der Gondeln benutzt werden mußten, und die Vermeidung von Feuersgefahr durch überspringende Funken. Zu diesem Zwecke mußten alle Metallteile sorgfältig in leitende Verbindung untereinander gebracht und verhindert werden, daß an Stellen, wo das Überspringen von Funken unvermeidlich ist, ein Zuströmen von Wasserstoff stattfinden kann.

Abb. 79. P L. 6 in Garmisch

An der Ausbildung der Funkentelegraphie für den Luftschiffdienst hat Graf Zeppelin tatkräftig mitgearbeitet.

Schon im Jahre 1909, anläßlich der Berliner Fahrt des LZ. 6, stand man vor der Frage, das Luftschiff mit einer funkentelegraphischen Station auszurüsten, und Graf Zeppelin beschloß den versuchsweisen Einbau einer solchen Einrichtung, um nachzuweisen, daß eine solche Station bei Beachtung aller erforderlichen Einrichtungen keine Gefahr für ein Luftschiff bedeutet. Nachdem Vorversuche mit einer provisorischen Station ein befriedigendes Resultat ergeben hatten, wurde im Jahre 1911—1912 von Telefunken eine neue Station in den Z. II eingebaut. Die Antennenleistung betrug etwa 300 W, die Generatorleistung etwa 1 KW. Reichweiten von 100 bis 150 km wurden erreicht.

Zur Sicherung gegen das Eindringen von Knallgas an die Funkenstrecken wurde die Einrichtung in einen vom äußeren Wind kräftig ventilierten Schrank eingeschlossen.

Diese Versuche wurden erst auf dem Delag-Schiff „Viktoria Luise", dann in einigen weiteren Militär-Z-Schiffen fortgesetzt und führten Ende 1913 zu dem Ergebnis, daß eine Station geschaffen war, die bei 800 W Antennenenergie eine Reichweite bis 1000 km hatte. Der Sender hatte einen Wellenbereich von 600 bis 1600 m. Die Antenne bestand aus zwei parallel herabhängenden Drähten von 85 m Länge mit einem Verbindungsdraht von 35 m Länge. Die Antennenenergie betrug 0,5 KW. Der Sendeton war der Ton 1000. Der Empfänger hatte einen Wellenbereich von 300 bis 3000 m.

Diese Einrichtung wurde im Kriege beibehalten. Im Jahre 1917 erhielten die Marineluftschiffe eine etwas verstärkte Station, deren Sender bis 1500 km reichten.

Um diese Zeit wurde aber die Lage der Funkentelegraphie durch die Anwendung der ungedämpften Wellen grundlegend verändert und die nach dem Kriege gebauten Schiffe konnten mit viel geringerer Energie auskommen.

Die „Bodensee" besaß einen Apparat mit nur 20 W Antennenenergie und einen Draht von 50 m Länge als Antenne, der eine Reichweite bis 500 km erzielte. Eine telephonische Verständigung war bis 150 km möglich.

Abb. 80. PL. 16

Eine besonders starke Anlage erhielt das Reparationsschiff LZ. 126. Sie ist in einer schall-
dichten Kabine mit Drucklüftung untergebracht und besteht aus einem Telefunken-
Zwischenkreis-Röhrensender von 200 W Antennenenergie, der für einen stetigen Wellenbereich von 500 bis 300 m sowie für wahlweises Arbeiten auf drei Energiestufen ein-
gerichtet ist und eine größte Reichweite bei ungedämpftem Senden von 2500 km und bei
Tonsenden und Telephonie von 500 km zuläßt. Als Empfangsanlage sind zwei Audion-
geräte in Sekundärschaltung nebst einem Zwei-Röhren-Niederfrequenzverstärker, benutz-
bar für alle Wellen von 300 bis 200000 m, eingebaut. Als Antenne dient eine dreistrahlige
Fächerantenne, deren Drähte je 120 m Länge unter Gewichtsbelastung einzeln oder gemeinsam ausgegeben werden können.

Eine sehr wichtige Rolle spielte die drahtlose Telegraphie für die Ortsbestimmung der
Schiffe. Sehr oft ist es bei Nacht und Nebel, wenn längere Zeit ohne Einblick auf die Erde
gefahren werden muß, oder über See, wenn keine Landmarken zu sehen sind, dem Schiff
nicht möglich, seinen Standort zu bestimmen, da die Versetzung durch den Wind sehr bedeutend und nicht genau bekannt ist. In diesem Falle war es im Krieg eingeführt, daß das
Schiff funkte: „Erbitte Ortsbestimmung". Dann wurde ihm von den großen Stationen,
z. B. aus Metz und Köln, zugefunkt, aus welcher Richtung die Signale dort eintrafen. Die
großen Stationen hatten besondere Apparate zur Festlegung dieser Richtung. Es wurde
dem Schiff dann zugefunkt, in welchem Winkel zur Nordrichtung der Strahl einfiel:
z. B. Metz 31⁰ West und Köln 46⁰ West. Nun wurde in eine Karte vom Schiffe die beiden
Strahlen eingezeichnet und ihr Schnittpunkt ergab den gesuchten Schiffsort.

Abb. 81. PL. 19

Dieses sogenannte Kreuzpeilverfahren hatte aber im Kriege den großen Nachteil, daß auch der Feind die Zeichen abhören und den Standort des Schiffes bestimmen konnte, unter Umständen mehrmals, so daß ihm der Weg des Schiffes bekannt wurde. So ist es sehr wahrscheinlich, daß der LZ. 77 nur dadurch am *21.* Februar 1916 dem Gegner zum Opfer fiel.

Erst in der allerletzten Kriegszeit fand die Technik eine vorteilhaftere Lösung, den sogenannten Luftschiff- und Flugzeugrichtfinder. Das war eine hochempfindliche kleine Richtempfangsstation, die es gestattete, die Richtung, aus welcher die Signale kamen, auf dem Luftschiff selbst zu bestimmen. So konnten unter Umständen auch feindliche Stationen, z. B. der Eiffelturm, zur Orientierung benutzt werden. Das Reparationsschiff LZ. 126 besitzt einen solchen Telefunken-Bordpeiler.

Diese Einrichtung ist auch aus wirtschaftlichen Gründen für den Friedensgebrauch die weit bessere, da sie nicht besonders geschulte Hilfsbeobachter auf den Landstationen erfordert.

Eine gründliche Ausbildung und allgemeine Durchführung dieses Verfahrens ist für den zukünftigen Weltluftschiffverkehr die unerläßliche Vorbedingung. Hierdurch werden die Schiffe befähigt, auch bei Nacht und Nebel, wo man sonst häufig zu Notlandungen gezwungen sein würde, ihren Weg zu finden und ihren Verkehrsaufgaben gerecht zu werden.

Abb. 82. PL. 25

MOTOREN UND LUFTSCHRAUBEN

Ein besonderer Anteil an den Erfolgen der Zeppelin-Schiffe und der Luftschiffahrt überhaupt gebührt den Motoren. Wenn schon der Bau der Gerippeschiffe besonders hohe Anforderungen an die Kunst des Ingenieurs stellt, so ist der Motorenbau doch noch schwieriger, und die Erfahrung hat gelehrt, daß weitaus die meisten Störungen bei allen Luftfahrzeugen, nicht nur bei Luftschiffen, sondern auch bei Flugzeugen, durch Motorversager herbeigeführt werden.

Der Luftschiffmotor kann nämlich nicht wie der Automobilmotor in der Regel geschont werden und nur vorübergehend mit Voll-Last laufen; vielmehr ist er in dieser Beziehung einem Bootsmotor ähnlich; er muß dauernd, wenn nicht voll, so doch mit einem hohen Prozentsatz seiner Leistungsfähigkeit arbeiten. Dabei vereinigen sich nirgends so wie beim Explosionsmotor die Beanspruchungen durch die gewaltigen Antriebskräfte, durch die Reibungen und durch die große Hitze der explodierenden Gase zu einem Ganzen, das die höchsten Anforderungen an den Werkstoff stellt, und außerdem ist der Motor ein sehr komplizierter Apparat. Das Antriebsmittel muß im Vergaser mit Luft gemischt, dann komprimiert und gezündet werden und das über hundertmal in einer Sekunde. Dazu kommt noch die Kühlung mit ihren zerbrechlichen Apparaten. Unter den vielen hundert Einzelteilen: Kolben, Kurbelachse, Lager, Ventilen, Wasserkühlung, elektrische Zündung, Ölung usw., kann jeder beim Versagen den ganzen Apparat zum Stillstand bringen. Es muß also nicht nur eine äußerst sorgfältig durchdachte Konstruktion vorhanden sein; es bedarf auch einer erstklassigen Werkstattarbeit und einer sehr gewissenhaften sach-

Abb. 83. Funkenkabine des ZL. 126

verständigen Wartung.
All dies, die richtigen
Materialien an die richtige Stelle zu setzen, die,
Einhaltung der Toleran-
zen in der Fabrikation,
die sachkundige Pflege,
war nur in langer, müh-
samer Arbeit und durch
viel Erfahrung zu lernen.
Heutzutage freilich ist vie-
les von dem, was damals
die größten Schwierigkei-
ten bereitete, Allgemein-
gut. Aber trotzdem ist ein
guter Flugmotor auch
heute nur das Kind
einer langen Entwick-
lung.

Abb. 84. *Daimler-Motor 100 P. S.*

Anfangs verwendete
Zeppelin Daimler-Motoren, sogenannte Reihenmotoren, bei denen vier Zylinder
hintereinander standen. Bald erhöhte man jedoch diese Zahl auf sechs, da der Vier-
Zylindermotor zu unruhig lief. Später ging Zeppelin zu den Maybach-Motoren
über.

Der Vater Maybach war in der Erfindung des Explosionsmotors zusammen mit Gottlieb
Daimler hervorragend
beteiligt. Heute leitet
sein Sohn das Werk,
das gegenwärtig einen
Teil des Zeppelin - Kon-
zerns bildet und seit 1911
alle Motoren der Zeppe-
lin-Schiffe geliefert hat.
Durch seine hochwerti-
gen Kraftwagen ist es
weithin berühmt. Seine
Motoren haben die Zep-
pelin-Entwicklung getra-
gen. Sie vergrößerten
sich stufenweise nicht
ohne Rückschläge, je-
doch im ganzen mit gro-
ßem Erfolge bis zu

Abb. 85. *NAG.-Motor des P L. 6*

Abb. 86. Linke Seitengondel des L. 71 mit Maybach-Motor von 260 P. S.

260 P. S. Der letzte Motor ist überbemessen, d. h. er darf nur in Luft von verminderter Dichte in etwa 1800 m Höhe voll beansprucht werden.

Für das letzte Luftschiff nach dem Kriege jedoch, den LZ. 126, der dieFahrt über den Ozean von Friedrichshafen nach Lake-Hurst in Amerika gemacht hat, wurde ein neuer Motor entworfen, bei dem 12 Zylinder in zwei V-förmig stehenden Reihen zu je sechs hintereinander stehen. Da man beim Explosionsmotor mit der Leistung, die man in einen Zylinder legt, nicht über 30—40 P. S. in die Höhe gehen kann, ohne das Gewicht unverhältnismäßig zu vermehren, so ist man beim Bau von Motoren hoher Leistung zur Anwendung einer großen Zahl von Zylindern gezwungen. Die neuesten Motoren leisten 420 P. S. und weisen zwei bemerkenswerte Eigentümlichkeiten auf: die Kurbelachsen sind mit Rollenlagern ausgerüstet und sie können vor- und rückwärts laufen. Diese Eigenschaft war sehr wichtig, da auf diese Weise das Luftschiff auch einen Rückwärtsgang besaß, der zwar als solcher selten benutzt wird, aber dazu dient, das Schiff beim Auslauf zu bremsen, indem man die direkt auf den Motorachsen sitzenden Schrauben rückwärts laufen läßt. Vom Standpunkt der Lebensdauer der Propeller ist dieses Verfahren zwar nicht sehr empfehlenswert; da aber die Propeller nur sehr kurze Zeit in dieser Weise gebraucht werden, so überwiegt doch die Rücksicht auf Einfachheit der Bauart und ihre leichte Bedienung.

Als Ideal kann man die Zwölf-Zylindermotoren, die in verschiedenen Anordnungen auch im Flugzeugbau allgemein üblich sind, nicht bezeichnen. Eine Vereinfachung derselben mindestens für Luftschiffe, wäre aber wohl möglich durch Einführung des Zweitaktes an Stelle des Viertaktes und unter Anwendung von Zerstäubungsvorrichtungen für den Brennstoff, wie sie beim Diesel-Motor ausgebildet sind. Hierdurch könnte auch das feuergefährliche Benzin entfernt und durch nicht explosionsgefährliche und billigere

Abb. 87. ZL. 126.   Zwölf-Zylinder-Maybach-Motor. 400 P. S.

Schweröle ersetzt werden. Da diese Probleme bereits gelöst sind, stehen technische Schwierigkeiten nicht im Wege.

Man würde auch den Vorteil haben, einen spezifisch schwereren Brennstoff und um 30 Prozent kleinere Tanks zu erhalten, was bei einem Gewicht der Tanks von mehreren Tonnen für ein großes Schiff sich wirtschaftlich durch Vermehrung der Nutzlast bemerkbar macht.

In England sind diese Verhältnisse wohlerkannt. In Deutschland ist leider zur Zeit auf diesem Gebiet eine Arbeit unmöglich.

Hier möchte ich noch ein Wort über die Luftpropeller sagen. Die Zeppelin-Werke haben bis tief in den Krieg hinein ihre Propeller aus doppeltem Aluminiumblech mit einem Stahlarm dazwischen selbst hergestellt und sehr schöne Versuche bezüglich des Wirkungsgrades dieser Schrauben ausgeführt, wozu an ihren Schiffen eine einzigartige Gelegenheit gegeben war. Doch besteht bei hohen Umdrehungszahlen, d. h. wenn der Propeller nicht durch Zahnräder angetrieben wird, sondern direkt auf der Motorachse sitzt, die Schwierigkeit, den Stahlarm, der mit der Nabe ein Stück bilden muß, genügend solid herzustellen, da er nicht nur durch die Biegungskräfte des Luftdrucks, sondern durch die weit größeren Zentrifugalkräfte beansprucht wird, wozu noch die Erschütterungen des Motors kommen. Diesen Verhältnissen sind Holzschrauben besser gewachsen als Stahlschrauben.

Die Propeller wurden daher vom Jahre 1915 an aus Holz gefertigt, erst von der Firma Lorenzen, später nach dem System des Herrn Juray von der Zeppelinbau-Gesellschaft selbst.

VERSCHIEDENE LUFTSCHIFFSYSTEME

DIE KLEINEN LUFTSCHIFFE

Bevor ich zu den weiteren, technisch bedeutsamen Luftschiffbauten übergehe, möchte ich noch derjenigen deutschen Luftschiffkonstruktionen gedenken, die sich nicht durchsetzen konnten, sondern infolge von Mißgeschick nicht weiterentwickelt wurden. Es waren dies das Luftschiff Ruthenberg, das durch einen Brandunfall zerstört wurde, und das Luftschiff Erbslöh, das in tragischer Weise endete, indem es in der Luft platzte, wobei der Erfinder und die Besatzung ihren Tod fanden. Außerdem wäre noch das Luftschiff Clouth zu nennen, das von der Luftfahrzeug-Gesellschaft angekauft wurde. Es waren dies sogenannte halbstarre Systeme, welche gleich Renard dem Ballon einen starren Träger angefügt hatten, der die Gondel trug. Eine wesentliche technische Rückwirkung auf die Entwicklung der größeren Systeme haben sie nicht gehabt.

Ähnliches kann bezüglich Deutschlands auch von den italienischen Luftschiffen gesagt werden. Diese besaßen einen Träger von gebogener Form, der dem Ballon angepaßt und mit diesem zu einem Ganzen überkleidet war. Diese Konstruktion wurde von dem deutschen Militärluftschiff M. IVa übernommen, ist aber dann nicht weiter angewendet worden.

Eine Idee ist hier noch zu erwähnen, der kleeblatt- (oder herz-) förmige Ballon. Bei diesem ist durch die Mitte eine Längswand gezogen, die aus Netzwerk gebildet ist und den Ballon der Länge nach in zwei gleiche Hälften teilt. Für kleinere Prallschiffe ist diese Einrichtung nicht notwendig und hat den Nachteil, das Schiff schwerer und die Gasverluste größer zu machen. Für große Prallschiffe kann sie in Frage kommen, wenn es sich darum handelt, daß die Schiffe nicht zu hoch werden und besser in die Hallen hineingehen. Prallschiffe nehmen nämlich unter dem Einfluß des Gasauftrieb einen birnenförmigen Querschnitt an, wobei sie an Höhe zunehmen, und das wird durch die Zwischenwand verhindert.

Der Hauptvertreter dieser Bauart war das System Astra Torres.

DAS SIEMENS-SCHUCKERT-SCHIFF

Unser Bericht gelangt zu einem System, das sich leider nicht durchgesetzt hat, obwohl es mit großen Mitteln und hohen schöpferischen Kräften unternommen war: zum Siemens-Schuckert-Schiff.

Herr Willi v. Siemens, der Sohn des großen Werner, faßte den Entschluß, auf Anregung des damaligen Generalstabschefs v. Moltke. Seine Idee war kühn: ein Großschiff nach dem Prallschiffsystem zu schaffen. Hier tauchte nun die Schwierigkeit der Schottenkonstruk-

Abb. 88. Siemens-Schuckert-Schiff

tion auf, die wir schon bei Zeppelin kennen gelernt haben. Die Langballone müssen durch Querwände in Abteilungen eingeteilt werden und diese Trennungswände müssen nicht nur gasdicht sein, das Gas soll auch seinen Druck nicht auf die Nachbarzelle weitergeben können, d. h. die Schotten sollen sich nicht durchbiegen, sie müssen druckdicht sein. Würde man sie ganz weglassen und einen einheitlichen Gasraum anwenden mit darin liegenden Luftsäcken wie beim Parseval-Schiff, so würden bei einem großen und langen Schiff, wenn durch eine Bö das eine Ende emporgerissen wird und der Ballon sich stark aufrichtet, am oberen Ende ein sehr hoher Gasdruck infolge des Auftriebs der Gasmasse entstehen. Man müßte daher die Hülle entweder sehr stark und schwer machen, oder die Spitze würde in einem solchen Fall abreißen. Das ist in Amerika einmal wirklich vorgekommen, und dabei fanden sämtliche zahlreiche Insassen des Ballons, bis auf einen einzigen, den Tod.

Die Schottenkonstruktion des Siemens-Schuckert-Schiffes erfüllte ihren Zweck vollkommen. Sie beruhte auf dem Gedanken, die Schotten aus aufgeblasenen Kugelballons zu bilden, die rings mit der Außenhülle verbunden sind und gleich Pfropfen in dem länglichen Ballon stecken. Der Nachteil war, daß diese Ballons nicht mit Luft aufgeblasen sein konnten, das wäre eine zu große Raumverschwendung gewesen, sondern mit Wasserstoff gefüllt sein mußten. Dann brauchten sie aber wieder ihre eigenen Luftsäcke und Ventile, und der Druck in den verschiedenen Lufträumen mußte derart geregelt sein, daß die Schottballons einen doppelt so hohen Druck hatten wie die übrigen Räume des Schiffes. Das machte die Bauart freilich komplizierter; doch hatte das bei sorgfältiger Ausführung keine Bedenken. Den Widerstand der Ballonführer mußte man allerdings in den Kauf nehmen, da diese, an die Einfachheit der Zeppelin-Schiffe gewöhnt, einem für sie zunächst unverständlichen System von Leitungen gegenüberstanden.

Die Leitung des Baues wurde in die Hände des Direktors Krell gelegt, der sich in den Ingenieuren Alexander Dietzius, R. Haas und Hans Dietzius sehr fähige Mitarbeiter gewann.

Es war ein Mehrgondelschiff von zuerst 13 500, später 15 000 cbm Inhalt, mit je einer Motorgondel vorn und hinten und einer Führergondel in der Mitte.

Unter dem torpedoförmigen Ballonkörper zog sich ein Kiel aus Stoffwänden hin, die den Tragkörper tangential berührten und einen Laufgang bildeten.

Abb. 89. Prof. Dr.-Ing. h. c. Krell

An der von diesen Stoffwänden gebildeten Kante waren die Gondeln und alle übrigen Lasten aufgehängt, so daß die Spannung der tragenden Stoffwände bei etwaigem Versagen der Überdruckgebläse dem Ballongas automatisch einen gewissen Überdruck sicherte und so ein Einknicken des langgestreckten Ballonkörpers vermieden wurde. Bei diesem Vorgang nahm der Ballon eine birnenförmige Gestalt an, er wurde durch das Herabsinken der Lasten höher und vergrößerte dadurch das Widerstandsmoment seines Querschnittes.

Dies hat sich auch in der Praxis bewährt. Als einmal der Ballon im Walde gelandet war und der Antrieb der Gebläse durch Berührung mit den Bäumen in Unordnung geraten war, knickte der Ballonkörper nicht ein, das Schiff konnte vielmehr mit eigener Kraft zur Halle zurückkehren, war aber so hoch geworden, daß es nicht mehr in die Halle hineinging. Die rasch in Ordnung gebrachten Gebläse gaben dem Ballon seine normale Querschnittsform wieder, und so konnte das Schiff die Halle beziehen.

Die innere Einrichtung des Ballons zeigte zwei druckfeste Schotten, so daß drei Abteilungen entstanden. Diese Schotten waren, wie schon erwähnt, als prall aufgeblasene Kugelballons gebildet, die wie ein Pfropf den Querschnitt des Hauptballons ausfüllten, so daß an den Berührungsstellen senkrecht zu den Stoffhüllen gerichtete Beanspruchungen gefährlicher Größe nicht auftreten konnten. Jeder dieser Kugelballons war mit Gas gefüllt und besaß einen eigenen Luftsack, der es ermöglichte, den Ballon mittels der Gebläse prall zu machen. Das Schiff hatte also eigentlich fünf Abteilungen: die zwei Kugelballons und die drei Hauptabteilungen. In jeder der Hauptabteilungen mußten natürlich gleichfalls entsprechend große Luftsäcke sein, um auch sie mit Sicherheit unter Überdruck halten zu können. Sollten die Kugelballons ihre Aufgabe erfüllen, nämlich das Schießen des Gases bzw. die Fortpflanzung des Druckes bei Schrägstellung des Ballons von vorn nach hinten oder umgekehrt verhindern, so mußten sie unter erheblich höherem Druck (50 mm) gehalten werden als die Hauptabteilungen (25 mm).

Die Betätigung sämtlicher Ventile wurde durch Druckluft bewirkt, die durch einen besonders angetriebenen, in der Führergondel aufgestellten kleinen Kompressor erzeugt wurde. Hier standen auch die Motoren für die Gebläse.

Die Verteilung der Druckluft erfolgte durch besonders konstruierte Klappen und Ventile, wodurch ein Verschieben der Druckluft und damit des Gases aus der vorderen Hauptabteilung nach der hinteren und umgekehrt bewirkt und dadurch eine entsprechende Schräglage des Schiffes zum Zwecke der dynamischen Höhensteuerung hergestellt werden konnte, wie bei den Parseval-Schiffen. Die aus den Luftsäcken entweichende Druckluft wurde auf möglichst kurzem Wege seitlich durch den Stoffgang nach außen geleitet. Das entweichende Gas wurde in eine abgeschottete Kammer am

Abb. 90. Siemens-Schuckert-Schiff in Fahrt

hinteren Ende des Laufganges geführt, wo es jeder Explosionsgefahr entrückt, entweichen konnte.

Von diesen Ventilen mögen besonders die genau den taschenförmigen Herzklappen nachgebildeten Rückschlagventile erwähnt sein, die sich ausgezeichnet bewährt haben.

Es wurden Luftschrauben aus Stahl mit schmalen Flügeln gewählt, die auf einer Versuchsbahn studiert wurden, indem sie auf einer elektrischen Lokomotive montiert und so in Fahrt erprobt werden konnten. Die Versuchseinrichtungen bestanden in registrierenden elektrischen Apparaten, die es gestatteten, vollkommen gleichzeitig den axialen Schub der Schraube, die Umdrehungszahl und die von ihr aufgenommene Energie festzustellen. Man kam dabei für geringe Belastungen (15—20 P. S.) auf einen Wirkungsgrad von 86 Prozent und bei größeren von 115 bis 120 P. S. auf einen solchen von 65 Prozent. Dann wurden in umfangreichen Versuchsreihen, über die in den schönen Arbeiten von Haas und Dietzius berichtet wird, die Festigkeit und die Dehnung der Webstoffe untersucht. Man wollte nicht nur einen betriebssicheren, sondern auch einen schönen Ballon mit glatten Linien erhalten.

Von Interesse ist die Tatsache, daß man durch Weglassen der 20 an den Seiten des Ballons angebrachten, etwa kleinfingerdicken Haltetaue, die sich neben dem Fesselungstau an der Spitze des Ballons als überflüssig erwiesen hatten, volle 1,25 m/sec an Geschwindigkeit gewinnen konnte.

Die Außenhülle war aus dreifachem Stoffe gefertigt, der durch starke Gummizwischenlagen auf einen hohen Grad von Gasdichtigkeit gebracht war. Der Ballon stand einmal über sechs Monate mit derselben Gasfüllung, allerdings fast dauernd an der Amme fahrbereit, ohne an Auftrieb merkbar zu verlieren. Die durch den dauernden Überdruck stark verringerte Diffusion von außen nach innen stellt überhaupt einen wesentlichen Vorteil des Prallschiffsystems dar.

Eine wesentliche Neuerung, die sich später allgemein durchsetzte, war die Anordnung der Propeller. Diese waren nicht oben am Ballon, sondern direkt an den Gondeln angebracht und die Höhensteuer mußten das dadurch entstehende Kippmoment ausgleichen.

Die Stabilisierungs- und Steuerflächen waren in ähnlicher Weise wie an den gleichzeitigen Zeppelin-Schiffen konstruiert und bestanden aus jalousieartigen Flächengruppen. Nach modernen Begriffen waren sie etwas zu klein, und das Schiff mußte bei größeren Geschwindigkeiten und starken Böen nicht leicht zu steuern sein.

Der Antrieb erfolgte durch vier Motoren zu je 125 P. S., die zu je zweien in den beiden Motorgondeln untergebracht waren, und zwar in der Weise, daß ein Motor querschiffs stand und mit der nach beiden Seiten verlängerten Achse durch Winkelräder auf jeder Seite der Gondel eine zweiflügelige Schraube antrieb, während der zweite Motor längsschiff stand und eine vierflügelige Schraube am Heck der Gondel bewegte.

Im Januar des Jahres 1911 machte das Siemens-Schuckert-Schiff nach etwa zweijähriger Bauzeit seine erste Fahrt. Im ganzen wurden die Leistungen des Schiffes in 73 Fahrten erprobt und es wurde eine Geschwindigkeit von 19,8 m/sec erreicht, womit, wie schon erwähnt, das Schiff damals den Rekord hatte. Zu großen und eindrucksvollen Fahrten, wie sie erforderlich gewesen wären, um sich gegenüber den Zeppelin-Schiffen durchzusetzen, ist es aus Gründen, die hier nicht erörtert zu werden brauchen, nicht gekommen. Nur das eine sei erwähnt, daß seit etwa der 10. Fahrt die Leitung der Fahrten nicht mehr in den Händen der Konstrukteure gelegen hatte. Und doch wäre das Risiko viel kleiner gewesen als bei Zeppelin, da das Schiff auch bei einer Notlandung nicht stark gefährdet war, wie die eigenen und die vielen hundert von Parseval-Landungen gezeigt haben.

Von besonderem Interesse ist in dieser Hinsicht eine Fahrt vom 2. Februar 1912, bei der zufällig der Graf Zeppelin in der Gondel sich befand. Hierbei geriet das Schiff bei der Landung in einen Graben und stieß mit großer Gewalt an die Böschung an, da es noch etwas Fahrt hatte. Der Ballon bog sich unter dem Stoß wie ein Katzenbuckel durch und streckte sich wieder mit einem metallischen Ton. An der vorderen Gondel waren die Stahlrohre verbogen; der Ballon selbst war intakt und in drei Tagen war das Schiff wieder fahrbereit.

Das Hauptergebnis aber war der Nachweis, daß ein großes Mehrgondelschiff nach dem Prallsystem ausführbar ist. Vielfach wird auch heute noch hieran gezweifelt, und diese Ansicht wird von den Vertretern des Zeppelin-Schiffes eifrig genährt.

Doch ist das Mehrgondelsystem für das Starrschiff einfach eine Notwendigkeit, weil das Gerippe die konzentrierte Last einer Zentralgondel nicht verträgt, während man bei Prallschiffen hierin nicht so ängstlich zu sein braucht.

Die Ein-Gondelanordnung, wie sie die Parseval-Schiffe haben, am ausgesprochensten der PL. 25, ist gerade das Schwierigste, weil hier die Enden am weitesten ausladen und die größten Biegungskräfte auf die Mitte ausüben. Dagegen ist die gleichförmigere Verteilung der Gewichte, wie sie im Mehrgondelschiff gegeben ist, für das Prall- wie für das Gerippe- schiff in gleicher Weise mechanisch bequem. Namentlich bei großen Schiffen wird es immer leichter möglich, die Lasten dem Auftrieb entsprechend in langen, zusammenhängenden Gondeln unterzubringen. In dieser Hinsicht liegen also für das Prallsystem keinerlei Schwierigkeiten vor.

Leider wurde das Siemens-Schuckert-System nicht weiterentwickelt. Nachdem das erste Schiff vom Staat übernommen war, wurde die Unternehmung aufgegeben. Mit den an- gewendeten technischen Mitteln wäre es aber sehr wohl möglich gewesen, ein leistungs- fähiges, den Gerippeschiffen an Tragfähigkeit überlegenes Luftschiff herzustellen.

Man hat dem System vorgeworfen, es sei zu kompliziert; aber die wünschenswerte Ver- einfachung hätte sich bei einer zweiten Ausführung ohne weiteres ergeben.

DIE SIEMENS-SCHUCKERT-HALLE

Die Geschichte des Siemens-Schuckert-Schiffes wäre nicht vollständig, wenn nicht auch der in Biesdorf für das Schiff errichteten, vom Baumeister Janisch konstruierten Drehhalle Erwähnung getan würde. Die einschiffige Drehhalle bildet, wie auch die Erfahrung gelehrt hat, wegen der symmetrischen Ausbildung der Luftwirbel am Einfahrtsende eine geradezu ideale Anordnung für.das Einbringen von Luftschiffen in die Hallen. Dies zeigte sich be-

Abb. 91. Siemens-Schuckert-Schiff in der Halle

Abb. 92. Drehhalle mit Schiff

sonders beim Einhallen des M. 4 bei 16 m/sec Bodenwind, was ohne jede Schwierigkeit mit ganz geringer Mannschaft erfolgen konnte. Auch die Führungen des P. 6 und des M. IV, die beide in der Biesdorfer Halle zu Gast waren, erkennen voll die außerordentlichen Vorteile der einschiffigen Drehhalle an.

Es war bezeichnend für die Großzügigkeit Willi v. Siemens', wenn es galt, sich für etwas technisch Richtiges einzusetzen, daß er nach einem Vortrag von wenigen Minuten trotz der immerhin nicht unbeträchtlichen Mehrkosten seine Einwilligung zum Bau einer drehbaren Halle gab.

Schon Zeppelin hatte auf dem Bodensee eine drehbare, schwimmende Halle benutzt. Hier wurde der Gedanke auf dem festen Lande verwirklicht.

Das ganze mächtige Gebäude im Gewicht von 1200 t war auf acht Rollwagen gesetzt, die auf zwei kreisförmigen Schienenbahnen liefen. Im Mittelpunkt befand sich ein starker Drehzapfen aus Beton. So konnte die Halle durch motorische Kraft gedreht und in die Windrichtung eingestellt werden. Dabei mußte das fest geschlossene Ende der Halle gegen den Wind gerichtet sein und die Eingangsseite in Lee liegen. Hier war die Halle durch einen Vorhang geschlossen.

Sie maß über der ganzen Länge 136 m, hatte eine lichte Höhe von 25 m und eine lichte Breite von 25 m.

An den Längsseiten war eine Werkstätte und eine Maschinenanlage eingerichtet, welch letztere den Werkstattbetrieb und die Drehung der Halle zu besorgen hatte.

Zwei Primärmotoren von je 40 P. S. betrieben zwei Dynamomaschinen, welche das Netz unter Nebenschaltung einer Akkumulatorenbatterie schnitten.

Zur Drehung der Halle innerhalb des Zeitraums von einer Stunde waren anfangs beide Motoren notwendig, später, nachdem alles eingelaufen war, nur noch einer.

Der Boden der Halle war aus Holz und lag 2,2 m höher als der gewachsene Boden. Man mußte daher, um die Schiffe heraufbringen zu können, eine Rampe anlegen, und da die Schiffe in jeder beliebigen Stellung der Halle eingebracht werden mußten, ergab sich ein Rampenring um die Halle herum.

In diesem Rampenring waren auch die Keller für die stählernen Behälter angelegt, in denen das Wasserstoffgas für den Ballon auf 200 Atmosphären komprimiert angeliefert wurde. Jeder Behälter faßte ca. 5 cbm Gas. Um den 15000 cbm großen Ballon einmal zu füllen, waren daher 3000 Behälter nötig.

Die Drehhalle wurde mit sehr gutem Erfolg auch von anderen Luftschiffen, dem Parseval P. 6 und dem Militärluftschiff M. IV benutzt. Das letztere wurde bei einem Wind von 16 m/sec anstandslos in der Halle geborgen. Für die späteren Zeppelin-Schiffe war sie zu klein. Diese hatten bis Ende des Krieges bei relativ geringem Durchmesser eine große Länge.

Graf Zeppelin hat übrigens selbst den Bau einer Drehhalle angeregt, bei der der Rampenring wegfallen sollte. Hierbei mußten die Rollwagen, welche die Halle trugen, in Gräben laufen und man stand in der Halle auf gewachsenem Boden. Während Hallen nach dem System Siemens-Schuckert im Kriege mehrfach ausgeführt wurden, sind die Zeppelin-Hallen nicht mehr zur Benutzung gelangt.

DAS PREUSSISCHE MILITÄR-LUFTSCHIFF

Auch die preußische Militärbehörde beteiligte sich an dem Rennen um den Bau eines brauchbaren Luftschiffs. Es wurde eine Kommission gebildet, in der als Hauptsachverständiger militärischerseits der damalige Major, spätere General Groß beteiligt war; als Konstrukteur war Herr Oberingenieur Basenach tätig. Im Volksmunde hieß das Schiff aber nach Groß.

Das gewählte System war ein sogenanntes halbstarres; ein Luftschiff mit einem Prallballon gleich Renard, darunter ein frei schwebendes, dreiteiliges Kielgerüst und wieder darunter — zum Unterschied von den französischen

Abb. 93. Militärluftschiff M. 3

Abb. 94. Militärluftschiff 4 vom Siemens-Schuckert-Schiff aus

Schiffen — die Gondel, und an derselben auf seitlichen Auslegern, ähnlich dem Parseval-Schiff P. 3, die Propeller. Anfangs waren die Propeller sogar an dem Kielgerüst befestigt und sollten durch ein Seil angetrieben werden. Diese Trennung von Propellern und Gondel, die auch Zeppelin mit gewohnter Hartnäckigkeit lange beibehalten hat, bewährte sich jedoch nicht und wurde bei dem M. III aufgegeben.

Das System mit den tiefliegenden Gondeln war für große Schiffe von vornherein nicht geeignet, weil es übermäßig hohe Ballonhallen erforderte, und dadurch wohnte ihm von Anfang an der Todeskeim inne.

Nachdem an einem kleinen Schiffe von 1800 cbm Vorstudien gemacht waren, schritt man zum Bau der Schiffe M. I und M. II. Diese hatten beide ein Volumen von 5200 cbm und zwei Körting-Motoren zu 75 P. S. Sie waren auf eine Fahrtdauer von 18 Stunden und eine Tragfähigkeit für 8 Personen berechnet und erreichten eine Geschwindigkeit von 12,5 m/sec.

Sehr bald waren diese Leistungen überholt und man erbaute den M. III mit vier Körting-Motoren zu je 75 P. S. und einem Volumen von 6500 cbm. Hierdurch stieg die Geschwindigkeit auf angeblich 16,5 m/sec, jedoch verbrannte das Schiff im Jahre 1912.

Nunmehr wurde der M. IV erbaut mit einem Volumen von 9600 cbm und vier Körting-Motoren zu je 100 P. S. Das Schiff besaß zwei Gondeln und vier Propeller, wie Abb. 94 zeigt, die von der Gondel des Siemens-Schuckert-Schiffes aus aufgenommen wurde. Als Geschwindigkeit wurde 16,5 m/sec angegeben.

Eine Eigentümlichkeit der M.-Schiffe ist noch besonders zu erwähnen: die Höhensteuerung durch Umpumpen von Wasser. An den beiden Enden des Kielgerüsts waren

94

Wassergefäße eingebaut, die mit der Gondel durch Luftleitungen und untereinander durch eine Wasserleitung, verbunden waren. Durch Druckluft, die von der Gondel her eingelassen wurde, konnte man das Wasser nach Bedarf von einem Gefäß ins andere drücken und dadurch die Schräglage des Schiffes im Raume verändern. Derartige Einrichtungen wirken aber zu langsam; man mußte schließlich doch zu Höhensteuern greifen, und dafür eignete sich das Schiff nicht besonders, da es infolge der tiefen Gondeln eine große Stabilität besaß und viel Steuerkraft zum Umstellen erforderte.

Auch die Geschwindigkeit befriedigte nicht, was mit Recht auf die große Luftreibung des Kielgerüsts zurückgeführt wurde. Da nun auch die Kosten hoch waren und die Privatindustrie billiger und besser lieferte, so faßte die Militärbehörde den Beschluß, den Eigenbau von Luftschiffen aufzugeben. Noch versuchte die Luftschiffer-Abteilung durch einen Umbau des M. 4 die Hauptfehler zu beseitigen. Sie ging zu dem italienischen System über, indem sie dem Kielträger gebogene Form gab und ihn dicht an den Ballon anschloß, so daß er in gemeinsamer Verkleidung mit dem Ballon ein Ganzes bildete. In diesem Laufgang waren auch die Motoren aufgestellt und betrieben die Propeller an seitlichen Auslegern. Man kann mit Recht gegen die Feuergefährlichkeit dieser Anordnung Einspruch erheben; doch ist kein Brand vorgekommen.

Nun war eigentlich ein ganz neues System entstanden, das die Hauptnachteile der bisherigen Schiffe nicht besaß. Es war niedriger und die Geschwindigkeit und Steuerfähigkeit waren wesentlich verbessert, doch ließ die vorgesetzte Behörde sich von ihrem Entschluß, den Luftschiffbau einzustellen, nicht abbringen.

Der M. IV a, wie er genannt wurde, kam nach Kiel in Station und leistete im Kriege Patrouillendienste auf der Ostsee, bis er abgebaut werden mußte, da nach dem Verbrauch der ersten Hülle das Beschaffungsamt die Rohstoffe für eine zweite Hülle nicht mehr bewilligte.

Das sogenannte „halbstarre" System hat sich somit in Deutschland nicht einbürgern können. Es besitzt nicht die Vorteile der Gerippeschiffe mit ihrer engen Zelleneinteilung, andererseits aber auch nicht das geringe Gewicht und die Unempfindlichkeit der Prallschiffe, was sich bei verschiedenen Gelegenheiten deutlich gezeigt hat.

DAS LUFTSCHIFF SCHÜTTE-LANZ

Während die bisher besprochenen Luftschiffe alle in einem gewissen prinzipiellen Gegensatz zu Zeppelin stehen und nach völlig anderen Gesichtspunkten gebaut sind, übernimmt der Professor Johann Schütte aus Danzig in seiner Konstruktion die Zeppelinsche Grundidee und bildet sie mit originellem Blicke weiter aus. Herr Karl Lanz in Mannheim bewirkte die Finanzierung und errichtete eine Luftschiffwerft in Rheinau bei Mannheim. Dort wurde das Schütte-Lanz-Schiff Nr. 1 auf Stapel gelegt.

Es war im Grunde ein Zeppelin-Schiff mit einem Holzgerippe. Allerdings war das erste Schiff in zwei wichtigen Punkten auch äußerlich von den Zeppelin-Schiffen unterschieden: das eine war die schöne Stromlinienform, die schon dem ersten Schiff eigen war, das andere eine eigentümliche rautenartige Anordnung des Holzgerippes, die an den Abbildungen des SL. 1 deutlich sichtbar ist. Diese zweite Anordnung hat sich nicht erhalten, da sie eine

Abb. 95. Prof. Dr.-Ing. h. c. Joh. Schütte

Unebenheit der Außenhaut verursachte, und die Luftreibung vermehrte. Vielmehr wurde bei den späteren Schiffen die Bauweise Zeppelins — Längsträger mit Querringen — angenommen. Die neue Stromlinienform aber blieb eine dauernde Errungenschaft, obwohl durch sie die Herstellung der Schiffe minder einfach wurde.

Eine besonders schwierige Arbeit war die Ausbildung der Holztechnik. Um das Holz stabiler zu machen, wurde es einem von der Firma ausgebildeten Tränkverfahren unterworfen und nachher lakkiert. Außerdem wurden besondere, wasserunlösliche Leime geschaffen. Der Grundstoff für die Träger bestand aus dreifachem, mit verschiedener Faserrichtung aufeinander geleimten Furnier (sogenanntes Sperrholz), aus welchem Träger verschiedener Art (Doppel-T-, Dreikant-, Vierkantträger) nach Bedarf gebildet wurden. Zur Verbindung der einzelnen Träger untereinander wurden Aluminium- (später Duraluminium-) Bleche benutzt.

Auch besaßen die Schütte-Lanz-Schiffe mehrere recht interessante Einzelheiten. Das eine war die sogenannte Längsverspannung: das war ein Seil, das den Ballon in seiner Achse der Länge nach durchdrang und sämtliche Zellenwände miteinander verband. An beiden Enden war es ans Gerippe angeschlossen. Es entlastete zu einem Teil die Querringe am Ballon, belastete allerdings dafür bei Schrägstellungen des Ballons die Längsträger.

Das zweite waren vertikale Schächte, die das aus den Ventilen austretende Gas nach oben abführten. Diese endigten oben in Saugköpfen, wodurch eine Entlüftung des Balloninneren bewirkt wurde. In diesen Schächten sollte das Gas durch Beimischung

Abb. 96. Schütte-Lanz-Schiff im Bau

Abb. 97. SL. 1

von Luft so stark ver-
dünnt werden, daß es
nicht mehr entflammbar
war. Da aber nicht in
allen Fällen genug Luft
zuströmen konnte, wenn
nämlich der Ballon rasch
stieg und viel Gas
ausstieß, so war öfters
in diesen Schächten ein
explosibles Gemisch ent-
halten, was die Sicher-
heit nicht vermehrte.
Am zweckmäßigsten er-
scheint hier die An-
ordnung des Siemens-
Schuckert-Schiffes, das
Gas unvermischt durch

Schläuche an einen Platz zu führen, wo sein Austritt nicht gefährlich ist.

Zeppelin hatte sich begnügt, die Gase aus den Ventilen in den Raum zwischen den Zellen und der durchlässigen Außenhülle austreten zu lassen, wo sie sich den Weg selbst suchen mußten.

Das Versuchsluftschiff, der SL. 1, zeigt anfangs noch ein Tasten in dem Bau der Stabili-sierungsflächen. Das änderte sich aber mit dem im Jahre 1913 gebauten SL. 2. Trotz dieser frühen Bauzeit mutet uns dieses Schiff heute noch ganz modern an. Es hatte ein Volumen von 25 000 cbm und besaß vier Maybach-Motoren zu 125 P. S., die in vier Motorgondeln aufgestellt waren. Von diesen waren zwei mittschiffs aufgehängt, eine vorn, die andere hinten, die beiden anderen seitlich in der Mitte. Dazu kam noch eine Führer-gondel.

Das Schiff erreichte eine Geschwindigkeit von 24,5 m/sec und war damit dem gleich-zeitigen LZ. 25 um fast 3 m überlegen. Das hatte mehrere Gründe: zunächst die bessere

Form, dann das Weg-
fallen der Gestänge
der seitlichen Ausleger,
welche die Propeller des
Zeppelin-Schiffes trugen,
und schließlich der Um-
stand, daß der Laufgang
ins Innere des Schiffes
verlegt war. Gegen letz-
tere Einrichtung hatte
sich die Zeppelin-Ge-
sellschaft aus Gründen

Abb. 98. SL. 2

der Feuersicherheit gesträubt, mußte aber schließlich nachgeben, da man auf diese Weise die Schiffe etwas niedriger bauen konnte.

Das Schiff hatte ferner als erstes Starrschiff die in der Folge typisch gewordene Anordnung der Dämpfungsflächen mit Steuern, die sich an deren Hinterkante anschließen. Der SL. 2 hatte also im Jahre 1913 die noch heute maßgebende äußere Form.

Es bleibt das Verdienst Schüttes, die Ausbildung des Luftschifftyps wesentlich gefördert zu haben, und so unangenehm der Wettbewerb für die Zeppelin-Werke auch war, für das Ganze war er gewiß von Nutzen.

DER WELTKRIEG

DIE LUFTSCHIFFE BEI KRIEGSAUSBRUCH

Beim Ausbruch des Weltkriegs besaß Deutschland 10 Zeppelin-Schiffe, 2 Schütte-Lanz und 2 Parseval. Von diesen waren aber nur wenige wirklich brauchbar, die Mehrzahl war veraltet. Der zunächst verwendete Typ des Gerippeschiffs, Typ LZ. 25, hatte eine Größe von 22000 cbm und war mit drei Motoren, eine in der vorderen, zwei in der hinteren Gondel, ausgerüstet. Das Schiff hatte vier oben am Ballon liegende Luftschrauben und einen außenliegenden Laufgang.

Der Laufgang ist derjenige Raum, in dem die großen Mengen Brennstoff und Ballast sowie die Bomben untergebracht werden. Die Verteilung erfolgt nach einem genauen Belastungsplan. Er dient außerdem zur Aufnahme der Steuer- und Ventilleinen sowie der Benzinrohrleitungen und der in die Ballastsäcke führenden Züge.

Die Nutzlast dieser Schiffe wird auf 9,2 t angegeben. Oft wird aber dieser Betrag nicht erreicht, wenn die Gasfüllung alt ist und an Auftrieb verloren hat und wenn die atmosphärischen Verhältnisse, Temperatur und Barometerstand andere sind als sie der Rechnung zugrunde liegen.

Diese Nuztlast würde beispielsweise folgendermaßen verwertet:

1. Besatzung: 18 Mann. . . . . . . 1,5 t
2. Brennstoff für 24 Stunden . . 2,4 t
3. Bomben, Bewaffnung . . . . . 1,7 t
4. Ballast . . . . 3,6 t

Mittels Ballastausgabe muß das Schiff sich zu seiner kriegsmäßigen Fahrhöhe erheben und mit dem Ballast allein könnte eine Höhe von 1600 m erreicht werden. Man vermag aber das Schiff mittels der dynamischen Wirkung wesentlich höher zu treiben. Zunächst ist es dann schwerer als die Luft, wird aber durch den Brennmaterialverbrauch und den Bombenabwurf wieder leichter, so daß man am Schluß der Fahrt sogar noch Ballast übrigbehalten kann. Die Schiffe konnten in einer Höhe von 2300 m fahren und hatten eine Geschwindigkeit von 22,4 m.

Das Schütte-Lanz-Luftschiff, von dem zunächst nur ein Exemplar vorhanden war, hatte etwa die nämliche Steighöhe und eine Geschwindigkeit von 24 m.

Das Parseval-Luftschiff hatte in seinem letzten Typ, dem PL. 19, einen Inhalt von 14000 cbm und eine Geschwindigkeit von 21 m bei ungefähr der gleichen Steigfähigkeit.

Das waren die Luftschiffe, die bei Kriegsausbruch zur Verfügung standen und auf die das deutsche Volk so große Hoffnungen setzte.

DIE ERSTEN ERFAHRUNGEN

Nicht nur in breiten Kreisen des Volkes, sondern auch von der Heeresverwaltung wurden die Kriegsmöglichkeiten der Schiffe anfangs überschätzt. Man erwartete von ihnen große Aufklärungsfahrten tief in das feindliche Land, ferner Bombenangriffe auf feindliche Hauptstädte und Festungen mit „sichtbaren" Erfolgen. Darunter wurde vielfach die Zerstörung wo möglich einer ganzen Stadt mit einer Riesenbombe verstanden. Wenn man aber bedenkt, welche Massen von Artilleriemunition erforderlich sind, um ein Festungswerk oder einen Teil einer Stadt zu zerstören, wobei noch der planmäßige Einsatz der Artillerie und ihre größere Treffsicherheit in Betracht zu ziehen ist, so erkennt man, daß die Luftschiffe mit ihren doch immer geringen Bombenlasten keine durchschlagenden Wirkungen zu erzielen vermochten und mehr eine Beunruhigung als eine ernstliche Schädigung des Gegners von ihnen zu erwarten war.

Auch die Verwendung der Schiffe war nicht immer sachgemäß. So wurde dem LZ. 25 im August 1914 befohlen, auf einer Fahrt fünf Städte, darunter vier Festungen, anzugreifen. Es waren Antwerpen, Zeebrücke, Dünkirchen, Calais, Lille. Dazu besaß das Schiff eine Bombenlast von 1200 kg, nämlich 10 Granaten von 21 cm Durchmesser.

Auch hielt man die Schiffe in einer Höhe von etwa 2000 m gegen Feuer für genügend gesichert. Dies war aber nur der Fall mit dem Gewehrfeuer. Die feindliche Artillerie reichte viel höher. Sie schoß teilweise sehr gut, und der lange Ballonkörper brauchte nur an der Spitze anvisiert zu werden, damit man sicher war, ihn zu treffen. Blitzschnelle Seitenschwenkungen aber auszuführen, um dem feindlichen Feuer auszuweichen, wie es die Flugzeuge machen, dazu ist ein Luftschiff nicht imstande. Nun konnten zu Beginn des Krieges die Schiffe nicht höher wie 2300 m fahren, und wenn sie noch, wie in den Vogesen, ein 1000 m hohes Gelände unter sich hatten, so waren sie sogar dem Gewehrfeuer ausgesetzt. Da nun anfangs die Schiffe auch noch bei Tage eingesetzt wurden, so waren starke Verluste die Folge. Nur in einem Falle gelang eine Fernaufklärung nach Boulogne. Eine ganze Anzahl Schiffe wurden abgeschossen, so der LZ. 29 auf der Rückkehr von einem Bombenangriff auf Paris, der LZ. 35, 39, 47, 49, 51 und noch manche andere.

Auch wurden die Schiffe öfters zu taktischen Zwecken verwendet, was ihren Eigentümlichkeiten nicht entsprach. So war die Heeresleitung von den Erfolgen der Schiffe enttäuscht. Ihre Aufklärungstätigkeit hatte versagt; man sah sich gezwungen, zu Nachtfahrten überzugehen und dabei sogar die mondhellen Nächte zu vermeiden. Die Tätigkeit der Schiffe war damit praktisch auf die Hälfte der Nächte beschränkt, und diese Zeit wurde oft noch durch Nebel, der die Orientierung unmöglich machte und durch Seitenwind, der das Herausbringen der Schiffe aus den Hallen verhinderte, erheblich verkürzt. Mit den letzten Ausführungen haben wir aber der Entwicklung einigermaßen vorgegriffen. Zunächst suchte man sich durch Vergrößerung der Schiffe zu helfen, die sie befähigte, höhere Luftschichten aufzusuchen.

DIE ENTWICKLUNG DER LUFTSCHIFFE IM KRIEGE

Zunächst wurden Schiffe von 32000 cbm Rauminhalt gebaut und das Volumen kurz danach auf 38000 cbm gesteigert. Sie hatten in vier Maybach-Motoren 960 P.S. und erreichten eine Geschwindigkeit von 26,5 bis 27 m. Ihre Steighöhe war 3200 m.

Wesentlich erleichtert, vielleicht erst möglich gemacht, wurde diese Entwicklung durch die Einführung des von der Firma Berg in Lüdenscheid erfundenen Duraluminiums an Stelle des gewöhnlichen Aluminiums. Dieses Metall besitzt das geringe Gewicht des Aluminiums und die Festigkeit des dreimal schwereren Stahls. Nur dadurch wurde es möglich, die gewaltigen Gerippe mit dem notwendigen geringen Gewicht auszuführen.

Die neuen Schiffe erhielten nunmehr geschlossene Gondeln anstatt der bisherigen offenen napfförmigen Gondeln, um den Besatzungen mehr Schutz gegen Wind und Wetter zu bieten, und der Laufgang wurde teilweise ins Balloninnere gelegt nach dem Vorgang Schüttes. Die Kühler konnten, falls sie nicht gebraucht wurden, ganz oder teilweise in die Gondel hereingezogen werden.

Eine sehr originelle, aber nicht häufig benutzte Einrichtung war der „Spähkorb". Das war eine kleine Aluminiumgondel für einen Mann, die mit Stabilisationsflossen versehen war und an einem Stahlseil von der hinteren Gondel 1000—2000 m weit herabgelassen werden konnte. Der Offizier im Spähkorb war durch ein Telephon mit dem Führer verbunden und sollte beobachten und das Schiff orientieren, während dieses selbst oben in den Wolken verborgen dahinfuhr. Das Aufholen geschah durch eine Motorwinde, im Notfalle auch von Hand. Die Einrichtung bewährte sich gut; da sie aber 500 kg wog, wurde sie von den Luftschiffkommandanten meistens lieber zu Hause gelassen.

Die Zellen der Luftschiffe waren anfangs aus gummiertem Stoffe gefertigt, der aber wegen seiner elektrischen Erscheinungen feuergefährlich ist. Man ging daher zu Goldschlägerhautzellen über, die in England ausgebildet worden waren. Die Hülle besteht dabei aus einer fünffachen Lage übereinander gekleber Tierhäutchen, aus dem Darm von Ochsen oder Schafen. Dieses Material ist leicht und dicht und leitet die Elektrizität, verhindert also das Auftreten gefährlicher Spannungen innerhalb des Schiffes. Als aber im Kriege die Rohstoffe knapp wurden, konstruierte die Zeppelin-Gesellschaft den sogenannten Hautstoff, der aus einer Lage dünnen Baumwollstoffes besteht, auf welchem die Tierhäutchen aufgeklebt sind. Diese Stoffhaut übertrifft die Goldschlägerhaut an Festigkeit und ist leichter als gummierter Stoff.

Im ganzen wurden 41 solche Schiffe gebaut und ungefähr ein Jahr lang taten sie Dienst; dann aber hatte sich die Abwehr auf sie eingestellt und es machte sich das Bedürfnis nach neuer Vergrößerung gebieterisch geltend.

Die Abwehr bestand hauptsächlich aus einem System zahlreicher Scheinwerfer, die an der zu schützenden Örtlichkeit aufgestellt waren. Diese mußten den Ballon finden und ihn dann möglichst nicht mehr loslassen, damit ihn die bereitgestellten Abwehrgeschütze unter Feuer nehmen konnten. Auch waren sogenannte Sperrfeuerbatterien aufgestellt, welche eine vertikale Ebene mit ihren Geschossen bestrichen und den Schiffen den Durchmarsch verwehren sollten. Die gefährlichsten Gegner waren aber die Jagdflugzeuge mit ihrer Brandmunition. Ein Brand des Wasserstoffs ist nicht zu löschen und führt regelmäßig zur

Abb. 99. ZL. 77. 32000 cbm

Vernichtung des Schiffes. Zu Anfang des Krieges waren die Flugzeuge noch nicht imstande, an Steigfähigkeit mit den Luftschiffen Schritt zu halten; als aber ihre Motoren verstärkt waren, änderte sich das und es wurde eine neue Vergrößerung nötig.

Nun entstanden die Großkampfschiffe vom Typ 55 200 cbm, und hier endlich entschloß sich die Zeppelin-Werft zur Einführung der günstigsten Stromlinienform. Die neuen Schiffe erhielten vier Motorgondeln und sechs Motoren. Davon waren ein Motor in der vorderen, zwei Motoren in zwei paarweise seitlich hängenden Gondeln aufgestellt, drei in der Heckgondel. Von diesen arbeiteten zwei auf seitlich am Ballon befindliche Schrauben, die dritte auf eine Heckschraube. Die Geschwindigkeit war nunmehr auf 28,7 m gesteigert, und nach Verbesserung der Maybach-Motoren und nachdem endlich auch die seitlich am Ballon liegenden Propeller mit ihrem Gestänge beseitigt waren, stieg sie auf 31,8 m. Im ganzen wurden während des Krieges nicht weniger als 94 Schiffe abgeliefert.

UNAUSGEFÜHRTES PROJEKT

Das letzte und größte Luftschiffprojekt, das wegen des Zusammenbruchs nicht mehr gebaut werden konnte, war ein Luftschiff von 108 000 cbm. Dabei rechnete man auf eine Nutzlast von 82 000 kg, hoffte also, das Schiff mit einem Gewicht von 32 800 kg bauen zu können. Es darf wohl bezweifelt werden, ob das Gerippe so leicht auszuführen gewesen wäre. Denn die Biegungsbeanspruchungen der Träger wachsen mit der vierten Potenz ihrer Baulänge und dementsprechend steigt ihr Gewicht. Mindestens wäre die Bausicherheit sehr gering gewesen. Würde dann die ganze Nutzlast abgeworfen und zur Erleichterung des Schiffes verwendet, so könnte man eine Höhe von 8600 m erreichen. Das ist natürlich ausgeschlossen; ich möchte aber die Gelegenheit benutzen, um die Bedingungen einer solchen Hochfahrt zu erörtern.

In 8600 m Höhe ist die Luft nur ⅓ so dicht wie am Boden und der Ballon hat nur ⅓ seines „normalen" Auftriebs. Der Sauerstoffgehalt der Luft reicht dann nicht aus, um das menschliche Leben zu fristen, die Besatzung muß daher reinen Sauerstoff einatmen, um arbeitsfähig zu bleiben. (Beim gewöhnlichen Luftschiffbetrieb wird Sauerstoff schon bei

Abb. 100. LZ. 97 (Marineluftschiff L. 48). 55 800 cbm

4000 m eingeatmet.) Außerdem erhält der Motor, wenn er in gewöhnlicher Weise Luft ansaugt, nur den dritten Teil des Sauerstoffs. Er kann daher nur $\frac{1}{3}$ seines normalen Brennstoffs verwerten und seine Leistung sinkt auf $\frac{1}{3}$, meistens aber weit mehr. Man gibt dem

Abb. 101. Ruderanlage eines Marineluftschiffes

Abb. 102. Steuerbordgondel des LZ. 62

Motor daher einen sogenannten Vorverdichter, d. i. ein Turbogebläse, das ihm verdichtete Luft liefert in derselben Menge wie er sie am Boden ansaugt.

Hierzu gehören dann noch „einstellbare" Luftschrauben, d. h. Schrauben, deren Blätter um ihre Längsachse drehbar sind, damit man sie breitstellen kann und sie in der dünnen Luft genügend Widerstand finden. Auch die Konstruktion dieser Schrauben war in Aussicht genommen und die ganze Einrichtung hätte dem Luftschiff in der dünnen Luft der Höhe eine merklich größere Geschwindigkeit erteilt wie am Boden, was bei den gewaltigen Stürmen, die da oben vorkommen, auch sehr notwendig ist.

Übrigens waren die Motoren mit Vorverdichter und einstellbarer Luftschraube auch im Flugzeugbau schon während des Krieges in Gebrauch und sind es bis heute geblieben. Der Flugzeug-Höhenrekord von über 12 000 m ist mit solchen Motoren aufgestellt. Neuerdings ist der Vorverdichter sogar bei Kraftwagen in Gebrauch gekommen, um bei Rennen höhere Geschwindigkeiten zu erzielen, obwohl natürlich bei Gebrauchswagen keinerlei Bedürfnis dafür besteht.

Es muß fraglich erscheinen, ob das Luftschiff auch nur einen vorübergehenden Erfolg mit dieser Konstruktion erzielt hätte, zumal da die wirkliche Fahrhöhe erheblich unter den genannten 8600 m hätte liegen müssen.

Zusammenfassend kann man nach dem heutigen Stand der Technik — wenn auch vielleicht nicht nach dem damaligen — sagen, daß das Luftschiff keine Aussicht hat, an Höhe das Flugzeug zu schlagen, weil die Tragkraft des Schiffes im gleichen Verhältnis abnimmt wie die äußere Luftdichte, während dies beim Flugzeug in weit geringerem Maße der Fall ist.

DIE SCHÜTTE-LANZ- UND PARSEVAL-SCHIFFE

Einen nicht unerheblichen Anteil an der Entwicklung und der kriegerischen Tätigkeit nahmen die Schütte-Lanz-Schiffe. Äußerlich waren sie von den Zeppelinen kaum zu unterscheiden. Die Form war die gleiche und bezüglich der inneren Einrichtung machte die Militärbehörde ihre Vorschriften. Gute Einrichtungen mußte einer vom anderen übernehmen, was den stolzen Gesellschaften nicht immer angenehm war.

Im ganzen wurden 24 Schütte-Lanz-Schiffe gebaut, davon 22 abgeliefert, über deren Taten in der Öffentlichkeit sehr wenig bekannt geworden ist.

DIE PARSEVAL-SCHIFFE

Auch die Parseval-Schiffe gingen — leider zu spät — zum Bau von Mehrgondelschiffen über. PL. 25 war das letzte Ein-Gondelschiff. PL. 26 war 31000 cbm groß und besaß vier Gondeln mit vier Motoren von im ganzen 960 P. S. und eine Führergondel in der Mitte. Der Ballon war durch drei Schotten in vier Längsteile geteilt, deren jedes seinen eigenen Luftsack und seine besondere Druckregelung besaß. Leider verbrannte das Luftschiff in seiner Halle in Bitterfeld.

Der danach bestellte PL. 27 hatte die gleiche Größe und war in der Anordnung der Motorgondeln etwas verschieden. Er erreichte eine Geschwindigkeit von 27,2 m, war aber zur Zeit seiner Fertigstellung schon technisch überholt und kam nicht mehr zur Verwendung in der Front.

DIE TÄTIGKEIT DER LUFTSCHIFFE IM WELTKRIEGE

Wie ein Heldengedicht aus uralter Zeit mutet es an, wenn man die trockenen Berichte über die Tätigkeit der Luftschiffe im Weltkriege liest. Ja, der Vergleich ist noch zu schwach; denn solche Gefahren, solche Aufopferung sind in der Kriegsgeschichte der alten Zeit ohne Beispiel. Die Verlustlisten reden ein furchtbare Sprache, und dabei muß man bedenken, daß mit den Luftschiffen nicht einfache Soldaten, sondern besonders wertvolle Menschen, hervorragend an Tüchtigkeit, Geist und Mut ihren Tod fanden.

Abb. 103. PL. 26

Ich gebe im folgenden den Verlauf einer gelungenen Angriffsfahrt eines Schütte-Lanz-Schiffes wieder nach der Schilderung Eugen Zabels in seinem Werk: „Deutsche Luftfahrt". Leider war das Ende solcher Fahrten nicht immer so glücklich. Die Schilderung zeigt uns den

Mechanismus der Fahrt und gibt eine ergreifende Vorstellung von ihren Aufregungen nnd Gefahren.

ANGRIFFSFAHRT IM WESTEN

Abend für Abend hatten wir auf der Lauer gelegen, um unser Schiff zum erstenmal gegen den Feind zu führen.

Endlich, eines Sonntags Abend, auf der Fahrt von der Stadt nach dem Luftschiffhafen, meint der Kommandant, Hauptmann P.: „Heute wird's!" Ein klarer, kalter Februaartag geht zur Neige. Die schon zum Alltäglichen gewordene Fahrt vorbei an den gewaltigen Industriebauten und Hafenanlagen der süddeutschen Handelsmetropole bringt uns zum Luftschiffhafen.

Der „Laubfrosch", Dr. H., ist zur Stelle; er steht bei uns in gutem Ansehen wegen seiner sicheren Prognosen. In seinem gemütlichen sächsischen Dialekt gibt er uns einen Überblick über die Wetterlage. Seine heutige Prognose lautet auf keine oder nur geringe Bewölkung, mäßige westliche Winde, Bodennebel nicht ausgeschlossen. Der Kommandant ist befriedigt. Nach Prüfung der Lage meint er: „Wir fahren!"

Rasch sind die letzten Vorbereitungen getroffen. Liegt das Schiff doch schon seit Tagen bereit, jeden Augenblick die Halle zu verlassen, um die Feuertaufe zu erhalten.

Jedem einzelnen Manne der Besatzung merkt man unter seiner militärischen Haltung die verhaltene Freude an; in kürzester Zeit sind die Bomben an Bord, die Maschinen machen ihren Probelauf, das Schiff wird richtig getrimmt und wiegt sich leise in der Halle. Unterdessen ist der Luft schifftrupp, dem die Bedienung des Schiffes am Boden obliegt, am Schiff verteilt, die Tore öffnen sich langsam, die scheidende Sonne vergoldet mit ihren letzten Strahlen die Spitze unseres Schiffes.

Der erste Offizier macht seinen Rundgang, nimmt die Meldungen des Ingenieurs und des Steuermannes entgegen, alles in Ordnung. Er eilt zum Kommandanten, der eben vor der Halle dem Truppenführer einige Winke bezüglich des Manövrierens auf dem Platze gibt, und meldet: „Klar zur Ausfahrt!"

Der Kommandant versammelt die Besatzung um sich. In kurzen Worten erläutert er Fahrtweg und Aufgabe. Die Leute sollen wissen, wie wichtig ihre Tätigkeit im großen Verbande ist. Es gilt eine große Angriffsbewegung unserer Truppen durch Störung der

rückwärtigen Verbindungen des Feindes zu unterstützen. Jedes Schiff hat sein besonderes Ziel. Uns ist die Aufgabe zugefallen, die Bahnanlagen von N. mit Bomben zu belegen.

Die letzten Kommandorufe ertönen: „Besatzung einsteigen! Luft-

Abb. 104. PL. 27

schiff marsch!" Ruhig schwebt das Ungetüm aus der Halle, die Haltemannschaften führen es zum Aufstiegplatz.

Jetzt kommt Leben in den Giganten: murrend, wie unwillig über die lange Ruhe, springen die Maschinen an, langsam drehen sich die Luftschrauben. Doch rascher und rascher werden ihre Umdrehungen, die blanken Flügel sind nur noch als Lichtblitze erkennbar. Lauter und brausender wird das Getön der Motoren. Schon müssen sich die Haltemannschaften dem ungestüm vorwärtsdrängenden Schiff mit äußerster Kraft entgegenstemmen.

„Los!" Die Mannschaften springen zur Seite.

Majestätisch gleitet das Schiff in sein Element. Es ist zum lebenden Wesen geworden. Immer rascher eilt es dahin, wenige Meter über dem Erdboden. Schon gehorcht es dem leisen Druck der Ruder.

„Alle Maschinen volle Kraft! Auf vierhundert Meter gehen!" Die Erde sinkt langsam zurück, jetzt liegen die Baumgipfel, jetzt das Hallendach tief unter uns. Zurückbleibende Kameraden winken zum Abschied. „Kurs Süd!"

In wenigen Minuten sind wir über dem Häusermeer der Stadt. Es ist nun Nacht geworden, nur ein schwacher Dämmerstreifen verglimmt im Westen. Dort liegt unser Ziel! Wie ausgedehnt erscheinen doch aus der geringen Höhe die Lichterreihen der Straßen! Wir grüßen in Gedanken alle Bekannten, die wir da unten wissen, die uns Luftschiffer so manchmal in herzlicher Gastfreundschaft aufnahmen. Und mancher sieht wohl zu dem großen Vogel hinauf und begleitet ihn mit guten Wünschen in den Kampf.

„Ballast, steigen auf zwölfhundert Meter!"

Das Wasser rauscht aus und zerstiebt sofort zu einem Sprühregen. Noch während der Schleifenfahrt über der Stadt steigen wir in raschem Tempo. Schon macht sich die abnehmende Temperatur unangenehm bemerkbar, wir hüllen uns fester in unsere Pelzmäntel.

Rasch ändert sich das Bild unter uns. Der Blick weitet sich. Das Lichtermeer der Stadt wird begrenzt, wir erheben uns über den Dunst, der über der Stadt lagert. Schon wird drüben das nahe Heidelberg sichtbar, Odenwald und Hardt heben sich dunkel vom Horizont ab.

Da — ein greller Schein überflutet das Schiff. Die Scheinwerfer der Flugabwehr beleuchten uns und senden ihren Abschiedsgruß herauf. Wir beneiden die Untengebliebenen um den herrlichen Anblick, den das hellerleuchtete Schiff am Nachthimmel bieten muß.

„Kurs West! Ballast! Weiter steigen!"

Wir versinken im Dunkel der Nacht, dem Feind entgegen. 1800 m! Die Rheinebene liegt als schwach schimmerndes Band unter uns, alle die großen Städte umfassen wir mit einem Blick. Schon haben wir den Westrand der Ebene erreicht. Dunkel breiten sich die Wälder der Hardt.

„Herr Hauptmann, der Westwind hat zugenommen, wir laufen nur noch — Kilometer!"

„Höher gehen!"

Vielleicht liegt die Windschicht nur über dem Gebirgsrande. Die Sterne sind etwas verschleiert. Manchmal verdecken leichte Nebelschwaden das Gelände unter uns. Die Orientierung wird dadurch nicht beeinflußt.

Ruhig zieht das Schiff seine Bahn. Maschinen und Luftschrauben singen ihr eintöniges Lied. Der Fahringenieur, Leutnant E., kommt von seinem Rundgange zur Führergondel und meldet: „Schiff und Maschinen in Ordnung!" „Danke, sagen Sie den Leuten, in anderthalb Stunden sind wir über der Front!"

Da leuchtet voraus am Horizont ein Scheinwerfer auf. In regelmäßigen Abständen morst er senkrecht zum Himmel. Wir kennen seinen Standort. Unsere Kursrichtung stimmt genau. Aber nach unserer Berechnung hätten wir den Scheinwerfer

Abb. 105. Backbord-Maschinengondel des P L. 27

früher erreichen müssen. Der Wind scheint im allgemeinen zugenommen zu haben. Wenn wir nicht rascher vorwärtskommen, ist der Erfolg unserer Fahrt in Frage gestellt. Wir haben wenige Tage nach Vollmond. Bald wird der Mond aufgehen. Sein Licht ist noch derart hell, daß es nicht geraten erscheint, nach seinem Aufgang zum Angriff zu schreiten. Für die starke französische Abwehr auf dem Erdboden und in der Luft wäre das beleuchtete Schiff ein gar leichtes und willkommenes Ziel.

„Alle Maschinen äußerste Kraft!"

Lauter tost das Geräusch der Motoren, das Surren der Luftschrauben, höher tönt das Pfeifen der Stagen der Drahtseile.

Der Scheinwerfer liegt hinter uns. Während bisher die Orientierung an Hand der wenn auch nur schwach beleuchteten Dörfer und Städte leicht war, ist nun voraus tiefe Nacht. Alles abgeblendet. Wir nähern uns der Front.

„Hochgehen auf Angriffshöhe, Bomben klar!"

Wir haben schon über der Front mit starker Gegenwehr zu rechnen. Langsam gehen wir höher. Trotz vermehrter Schräglage hört das Schiff bald auf zu steigen.

„Wir haben eine Inversion!" meldet der Höhensteurer. Die Lufttemperatur nimmt nicht regelmäßig mit der Höhe ab, sondern sprungweise. Manchmal kommt es sogar vor, daß eine wärmere Luftschicht über einer kälteren liegt. In eine derartige wärmere Inversionsschicht sind wir hineingeraten. Alle mehr oder weniger salonfähigen Äußerungen des Unwillens helfen über die unerfreuliche Tatsache nicht hinweg.

Ja, säßen wir im Freiballon! Auf unseren Bummelfahrten schätzten wir die Inversionen. Auf der Oberfläche der schwereren, kalten, unteren Luftschicht schwimmt man wie auf einer Wasseroberfläche, stundenlang. Will man jedoch höher gehen, in die leichte, warme, obere Schicht, so muß man tüchtig Ballast geben, um den sprunghaften Dichteunterschied und die geringere Tragfähigkeit der Luft auszugleichen. Aber jetzt handelt es sich wahrlich nicht um eine geruhsame „Sonntagsnachmittagsspazierfahrt"!

109

Alles verfügbare Wasser bis auf den Notballast geht über Bord. Nur langsam läßt sich das Schiff höherdrücken. „Geringere Geschwindigkeit und geringere Fahrhöhe — das paßt mir eigentlich verd . . . wenig, aber wir werden es schon schaffen!" meint der Kommandant. Unsere Angriffsfreudigkeit wird durch die unvorhergesehenen Schwierigkeiten nicht beeinträchtigt.

Das Auge hat sich daran gewöhnt, auch im Dunkel die Umrisse der Landschaft, Wald und Feld zu unterscheiden. Jetzt wird sogar die durch das Strahlen der Sterne verursachte Helle unangenehm empfunden. Venus steht tief am Westhorizont. Ihr Licht blendet, und fast möchten wir glauben, sie beleuchte uns genügend, um uns dort unten zu verraten.

Voraus, auf einem Geländestreifen, den wir mit unserem jetzigen Kurse überqueren müssen, werden immer häufiger schwache, rote Lichtpünktchen sichtbar. Werden größer. Mündungsfeuer der Geschütze. Ab und zu huscht ein Stern empor, leuchtet einige Sekunden und sinkt erlöschend zurück. Leuchtraketen. Weit zieht sich das unruhig flimmernde Band nach rechts und links ins Land. Das ist die Front, die feurige Mauer von den Vogesen bis zum Meer, an welcher zwei feindliche Völkerverbände in heißem Ringen aufeinanderprallen.

Langsam kommen wir näher. Eine leichte Dunstschicht entzieht uns den Blicken. Die Feuertätigkeit steigert sich nicht, wir passieren unbehelligt die Front. Bemerkt müssen sie uns dort unten haben, denn das Motoren- und Luftschraubengeräusch ist aus unserer Höhe sicher zu hören.

Noch 30 km trennen uns von unserem Ziele. Um den Feind zu täuschen, gehen wir auf Südwestkurs. Trotz „äußerster Kraft" kommen wir nur langsam vorwärts. Der Wind hat beim Auffrischen von West auf Südwest zurückgedreht. Wir fahren jetzt genau gegen den Wind. In wenigen Minuten muß der Mond auftauchen. Am Osthimmel macht sich schon die schwache Monddämmerung bemerkbar. Sollen wir jetzt, so nahe am ersehnten Ziel, umkehren? Die Gefahr wird durch die Helligkeit wesentlich erhöht.

Leichtsinnig Schiff und Besatzung aufs Spiel zu setzen, wäre unsinnig. Aber immer noch liegt unter uns eine schwache Dunstschicht, die uns zwar die Sicht nach unten kaum beeinträchtigt, die Beobachtung des Himmels vom Boden aus jedoch erheblich erschwert.

Im Navigationsraum bespricht der Kommandant mit seinen Offizieren die Lage. In raschem Entschlusse wägt er widrige und günstige Umstände gegeneinander ab. Nach wenigen Augenblicken weiß die Besatzung: Wir werden durchhalten!

Jetzt ist voraus das von Südost nach Nordwest ziehende Tal zu erkennen. Da flammt auch schon in der Ferne ein Scheinwerfer auf — der Feind zeigt uns selbst den Weg! Man hat uns gemeldet und die Abwehr ist bereit, uns zu empfangen. Aus einem Lichtkegel werden mehrere, viele. Nervös tasten sie den Himmel ab, phantastisch huschen die weißen Kreise auf der Dunstdecke umher. Noch sind wir weit, aber schon erkennen wir an seinen Lichtern den ausgedehnten Güterbahnhof am Südostende der Stadt. Es ist unmöglich, ihn völlig abzublenden, während die Stadt bei unserem Nahen rasch in Dunkel sinkt.

Das böse Gewissen! Unsere Kriegsfahrten haben nicht den Zweck, wehrlose Bürger, Frauen und Kinder in den Häusern und Straßen offener Städte zu überfallen und hinzumorden. Obwohl wir allen Grund hätten, Vergeltung zu üben für alle die Taten, deren sich zu rühmen unsere entmenschten Feinde die Stirn besitzen. Uns gilt es, des Feindes

Wehrkraft zu treffen, seine Munitionsherstellung und den Nachschub zur Front zu stören.

Plötzlich erscheint an Backbord achteraus am Horizont ein schmaler, roter Lichtstreifen, steigt langsam höher und wird zur silberweißen Kugel — der Mond übergießt die Landschaft mit seinem matten Lichte. Umrisse von Häusern, Bäumen werden deutlich. Schwarz steht der Schatten des Schiffskörpers über uns gegen den milchigen Himmel. Schon zuckt es unten rötlich auf, ein Stern flammt blitzartig neben uns am Himmel auf und erlischt, ein dumpfer, hohler Knall folgt, wie wenn eine unsichtbare Faust gegen die prallgespannte Schiffshülle schlägt — wir sind entdeckt, die Abwehr setzt ein.

„Kurs Nord, zum Angriff!"

Unbeirrt durch das Ballern da unten gibt der Kommandant seine Befehle. Seine Ruhe überträgt sich auf die Besatzung. Auf geändertem Kurs nützen wir den stärkeren Wind aus, die Geschosse bleiben eine Weile hinter uns. Wir meiden das Tal, in welchem wir die stärkste Abwehr wissen. Unsere Aufklärungsflieger hatten uns über die Abwehrmaßnahmen des Feindes trefflich unterrichtet.

„Leutnant H., klar beim Bombenangriff!"

Aus der Abwehrtätigkeit können wir auf die Wichtigkeit unseres Bahnknotenpunktes Schlüsse ziehen. Näher und näher kommen wir unserem Ziele, stärker und stärker wird das Feuer. Wir geraten in einen Kreis stärkster Abwehr. Scheinwerfer stehen neben Scheinwerfer, Geschütz neben Geschütz, eine scheinbar undurchdringliche Sperre von Licht und Eisen in die Luft legend. Aber wir müssen durch.

Neben, über, unter uns liegen die Schrapnellwölkchen. Da schießt ein Lichtstreif herauf, mannsdick, dicht vor der Spitze des Schiffes geht er hoch, weit über das Schiff hinaus, ein Funkenregen kommt hinterdrein. Brandgranaten!

„Gut gezielt!" meint der Navigationsoffizier, Leutnant B. Schon kommt die zweite, diesmal seitlich. Von allen Seiten donnert es auf uns ein, die Hölle scheint losgelassen.

Selbst das Getöse der ihr Äußerstes hergebenden Maschinen, das wilde Surren der mit höchster Umdrehungszahl durch die Luft wirbelnden Schrauben wird übertönt durch das Krachen der Geschütze, das Bersten der Schrapnells, das Heulen der Granaten.

Wir wollen's euch heimzahlen!

„Achtung! erste Bombe!"

Ein Fingerdruck, weit hinten im Schiff löst sich eine Bombe, stürzt, immer rascher, in die Tiefe. Atemlose Spannung. Da, nach langen Sekunden blitzt unten ein heller Feuerschein auf, wiederum nach langen Sekunden ein dumpfer Knall, die Bombe saß im Ziel. Ein großes Fabrikgebäude fällt in sich zusammen. Flammen und Qualm schlagen empor.

„Nun sind wir an der Reihe", meint der Obersteuermann Sch., der mit eiserner Ruhe sein Höhensteuer bedient. Ein Aufatmen geht durch die Besatzung. Die da unten merken jetzt, daß ein deutsches Luftschiff sich durch stärkste Abwehr nicht abhalten läßt, die Befehle seiner Heeresleitung auszuführen.

Der Erfolg der ersten Bombe bewies die gute Einstellung der Zielrichtung. Nun folgt Bombe auf Bombe; der Bahnknotenpunkt, der langgestreckte Verladebahnhof mit seinen ungeheuren Vorräten für die Front, werden zu einem wüsten Trümmerhaufen. Überall züngeln Flammen empor, Munitionsvorräte fliegen unter mächtigen Detonationen in die Luft.

Unser Werk ist getan. Aber noch haben wir noch einige Bomben an Bord.

„Die bekommt die Abwehr!" meint der Kommandant. Im Nordosten unseres Zieles, von Fort L. her, scheint die Abwehr am heftigsten. Blitz auf Blitz zuckt in die Nacht. Mit äußerster Geschwindigkeit, den Wind im Rücken, kommen wir an.

„Feuer!"

Eine, zwei, drei Bomben fallen. Matter wird die Abwehr. „Kurs Ost!"

Rasch kommen wir der Front entgegen. Die Gewichtserleichterung läßt das Schiff allmählich steigen. Die Geschosse bleiben hinter und unter uns. Aber nun sind wir auch der Front gemeldet. Und hell beleuchtet der Mond die glänzende Hülle. Noch einmal müssen wir durch Sperrfeuer, nun sind wir hinter den deutschen Linien. Heimwärts! Eine knappe Stunde waren wir in der feindlichen Abwehr — es schien eine Ewigkeit. Trotz der ungünstigen Umstände scheint das Schiff unbeschädigt. Wir drücken uns stumm die Hände.

Heimwärts nach gewonnener Schlacht.

Jetzt freuen wir uns über den Mond, der unser geliebtes deutsches Land in matter, märchenhafter Beleuchtung zeigt.

Noch sehen wir das Aufblitzen an der Front und in weitester Ferne das Suchen der Scheinwerfer von N. — sie haben sich noch nicht beruhigt! — da zeigt sich schon voraus ein schwacher Lichtstreif, die Rheinebene. Wie klein ist doch die Erde von unserem hohen Standpunkt aus!

Doch noch sind wir nicht geborgen. Der Maschinengewehrschütze meldet vom Ausguck: „Zwei sich bewegende Lichter achteraus, in gleicher Höhe wie das Schiff." Feindliche Flieger, verraten durch die glühenden Auspuffgase ihrer Maschinen. Sie sind wohl von dem großen, nördlich von N. liegenden Flugplatze aufgestiegen und holen uns anscheinend langsam ein.

„Klar bei den Maschinengewehren!"

Bei dem hellen Mondlicht wären wir, wenn es zum Kampf käme, sehr im Nachteil. Das Schiff böte den Fliegern ein großes Ziel, während wir die kleinen Flugzeuge kaum erkennen können. Höhergehen ist zwecklos, also hinunter in die Dunstschicht, die als ganz feiner Schleier über den untersten fünfhundert Metern liegt.

In sausender Fahrt geht es abwärts, Druck legt sich auf die Ohren. In geringem Abstande vom Erdboden nehmen wir unseren Weg zwischen den Bergen der Hardt, der Ebene zu. Das Manöver glückt. Die Flieger verlieren uns aus den Augen und drehen ab.

Voraus kommt unser Hafen in Sicht. Hell erleuchtet ist die Halle. Der Luftschifftrupp ist funkentelegraphisch über unsere Rückkehr benachrichtigt. Lange Lichterreihen an den Ufern des Rheins entlang, rauchende Schlote, deren Dunst in trübem Schein über der Stadt liegt, zeigen, daß auch in der Nacht Deutschlands Fleiß nicht ruht, wo es gilt, für die Brüder draußen im Felde Waffen zu schmieden.

Wir überfliegen in langsamer Fahrt den Landungsplatz. Alles ist bereit, die Mannschaften sind zur Stelle, Lichtpunkte zeigen den Standort der einzelnen Trupps. Der Scheinwerfer huscht über die Halle, der Landungstruppe, das Schiff.

Unser Landungssignal ist verstanden, in weitem Bogen fahren wir an.

„Vierhundert Meter, alle Maschinen Leerlauf, abwiegen!"

Der Lärm der Propeller verstummt, ganz leise surren die Drähte, ruhig schwimmt das gewaltige Schiff, vom Winde zurückgetrieben, im Luftozean. Der Zeiger des Höhenmessers rührt sich nicht, der Neigungsmesser steht ruhig. Wir brauchen unsere Notreserve an Ballast nicht anzugreifen, das Schiff ist gut getrimmt.

„Zur Landung!"

Aufheulend fallen die Schrauben ein, rasch ziehen die Lichter unter uns achteraus. Wir nehmen Kurs auf den Landungstrupp.

„Tiefergehen!"

Das Schiff senkt seine Spitze, die Erde kommt näher und näher. Gespenstisch huschen unten die Baumkronen vorbei; sie scheinen emporzuwachsen, als wollten sie das Schiff zwingen, unliebsame Bekanntschaft mit ihnen zu machen. Wir können uns eines prickelnden Gefühles nicht erwehren.

Ruhig steht der Kommandant am Fenster, den Blick auf den Landungstrupp. Kurz und energisch tönen seine Befehle.

In Höhe des Daches der Luftschiffhalle gleiten wir dahin, immer unsere Geschwindigkeit vermindernd. Jetzt haben wir die Grenze des Landungsplatzes erreicht, 300 m voraus steht der Trupp. Immer tiefer sinken wir, noch wenige Meter trennen uns vom Erdboden.

„Volle Kraft zurück!"

Rasch verliert das Schiff seine Vorwärtsbewegung, die Haltemannschaften fangen die Gondeln des langsam zur Erde sinkenden Schiffes auf.

„Alle Maschinen halt!"

Das ohrenbetäubende Rasseln und Surren verstummt plötzlich, fast unwirklich ist die ungewohnte Stille. Ein freudiges Begrüßen von Erdboden zu Gondel, von Gondel zu Erdboden, sich überstürzende Fragen. „Die Bomben sind wir alle los geworden. Gute Wirkung beobachtet. Schiff scheint unbeschädigt."

Große Freude, doch noch ist nicht Zeit zur Ruhe.

„Luftschiff zur Halle!"

Langsam, lautlos, von Menschenhänden gezogen, kehrt der Koloß in seine Halle zurück.

„Luftschiff festlegen, belasten!"

Nun ist der anstrengende Dienst der Besatzung zu Ende, die Pflegegruppe übernimmt die Sorge um das Schiff. Eine gründliche Untersuchung durch die brave, aus besten Facharbeitern zusammengestellte Pflegegruppe beginnt. Er hat sich gut gehalten unser braver SL. 27.

Am Gerippe sind keine Beschädigungen zu finden; einige kleine Löcher in der Hülle des Hinterschiffes, hervorgerufen von durchsausenden Schrapnellsplittern, sind Erinnerungen an den Kampf über Feindesland.

VERZICHT DER ARMEE AUF DIE LUFTSCHIFFAHRT

Im Verlaufe der ersten Kriegsjahre war immer deutlicher hervorgetreten, daß die Luftschiffe den Abwehrmitteln an der Westfront nicht gewachsen waren. Nächtliche Fahrten konnten weitreichende Aufklärungsergebnisse naturgemäß nicht bringen; Tagesaufklärung und örtliche Angriffe aber wurden ebensogut und mit geringerem Einsatz von den Flugzeugen geleistet.

Bei größeren, nächtlichen Bombenangriffen war stets mit dem Verlust von Schiffen zu rechnen. Daher wurden die Schiffe zunächst nach dem Osten versetzt, wo die Abwehrmittel weniger stark waren: nach Rußland, auf die Balkanhalbinsel, ans Mittelmeer. Aber als auch dort die Verluste die Reihen allzusehr lichteten, gab die Heeresleitung im Jahre 1917 die Luftschiffahrt ganz auf. Die Schiffe, soweit sie noch brauchbar waren, wurden der Marine übereignet, veraltete Schiffe abgerüstet. Es war ein enttäuschendes Ergebnis; doch lag die Schuld nicht an technischen Mängeln, sondern an der Natur des mit Wasserstoff gefüllten Ballons.

ANGRIFFE AUF ENGLAND

Auch die Angriffe auf England hatten bekanntlich nicht den erhofften Erfolg, England friedenswillig zu machen und konnten ihn der Natur der Dinge nach nicht haben; wohl aber führten sie dazu, daß erhebliche Schädigungen eintraten. Eine 100 kg schwere Bombe zerstörte ein großes Haus bis auf den Grund, eine 300 kg-Bombe vermochte einen ganzen Häuserblock niederzulegen.

Noch größer aber waren die indirekten Schäden. Bei drohendem Angriff wurden alle Lichter in den englischen Städten abgeblendet, der ganze Verkehr eingestellt und die Bevölkerung flüchtete in die Keller. Das Aufblitzen unzähliger Scheinwerfer und das rasende Abwehrfeuer von Hunderten und aber Hunderten von Geschützen, das natürlich auf die angegriffenen Städte wieder herunterfiel, machten auf die Bevölkerung einen erschütternden Eindruck. Weiter Kreise des englischen Volkes bemächtigte sich eine wachsende Unruhe; die Presse verlangte mit äußerster Entschiedenheit einen besseren Schutz der Hauptstadt, und die zunächst bedrohten Orte der Ostküste verödeten. Von dem Umfang der Abwehr und dem Aufwand an Material und Menschen, den sie erforderte, kann man sich schwer einen Begriff machen, und all diese Mittel gingen für den Angriff an der Westfront verloren.

BEDEUTUNG DER LUFTSCHIFFE FÜR DIE MARINE

Wenn schon diese Gründe für die Beibehaltung der Luftschiffangriffe triftig genug waren, so gab es doch für die deutsche Marine noch strategische Erwägungen von größter Bedeutung, die sie veranlaßte, im Gegensatz zum Heere, die Luftschiffwaffe nicht nur beizubehalten, sondern sie zu noch immer größerer Vollkommenheit und Wirksamkeit auszubauen.

An leichten Kreuzern war die Marine dem Gegner weit unterlegen und der Gebrauch von Flugzeugen zur See noch nicht ausgebildet. Um Flugzeuge im Verein mit einer Flotte zur See zu gebrauchen, muß man große Flugzeugmutterschiffe besitzen, die imstande sind, die Flotte zu begleiten, also etwa die Größe und Geschwindigkeit von Linienschiffen haben, weil die Flugzeuge einen verhältnismäßig kleinen Aktionsradius und eine Flugzeit von nur wenigen Stunden besitzen oder wenigstens damals besaßen. Anders die Luftschiffe. Sie konnten mehrere Tage in der Luft bleiben, bedurften keines Stützpunktes bei der Flotte, mit der sie durch Funkentelegraphie in Verbindung standen und vermochten die Nord- oder die Ostsee bequem zu beherrschen. Dazu hatten sie über See einen viel weiteren Beobachtungskreis als Seeschiffe. Da sie nicht wie an der Front mit einer furchtbaren Barriere von Verteidigungsmitteln zu rechnen hatten, vielmehr sich außerhalb der Schuß- weite der großen Flotteneinheiten halten konnten, so waren sie hier viel weniger gefährdet und das änderte sich erst gegen Ende des Kriegs einigermaßen, als die Engländer eine größere Anzahl Flugzeugmutterschiffe improvisiert hatten und auf dem Meere eine Art Luftschiffsperre aus Jagdflugzeugen errichteten, die namentlich den aus England zurück- kehrenden Schiffen gefährlich wurde.

Zunächst aber konnten die Engländer den Aufklärungsdienst der Luftschiffe nicht ver- hindern, und so wäre es ohne die Luftschiffe der Marine nicht möglich gewesen, über die Operationen der englischen Seestreitkräfte rechtzeitig Kenntnis zu erlangen, wenn nicht die Luftschiffe die Nord- und Ostsee abpatrouilliert und die Bewegungen der feindlichen Flotte rechtzeitig gemeldet hätten. Hierüber sagt Admiral Scheer in seinem Werke: „Deutschlands Hochseeflotte im Weltkrieg":

„Für uns war sie (die Luftschiffwaffe) in diesem Kriege, da die Seefliegerei noch ganz unentwickelt war, nicht zu entbehren. Der weite Überblick, die hohe Geschwindigkeit und die große Sicherheit im Vergleich zur Aufklärungsmöglichkeit durch Seeschiffe, gab uns in den Luftschiffen ein wichtiges Hilfsmittel.

Eine schwächere Flotte braucht möglichst weit vorgeschobene Aufklärung, die Einblick erhält, ohne verjagt werden zu können. Das war bei den Luftschiffen der Fall.

Für eine weitreichende Aufklärung behielten sie ihre Bedeutung und Überlegenheit gegenüber den Flugzeugen bei; denn sie können sich viel länger in der Luft halten und sind unabhängig von Hilfsschiffen."

Das war also die Bedeutung des Werkes des Grafen Zeppelin.

In der Seeschlacht bei Skagerrak brachte der LZ. 69 die wichtige Meldung, daß sich die englische Flotte in der Jammerbucht sammle. Ferner stellte der LZ. 11 in der Nacht vom 31. Mai zum 1. Juni den Anmarsch eines starken englischen Kampfverbandes südlich im Rücken der deutschen Flotte fest. Diese Meldung war von außerordentlicher Wichtigkeit und ermöglichte der deutschen Flotte, sich der drohenden Einschließung zu entziehen.

An den Gefechten in der Nordsee nahm auch das Parseval-Schiff PL. 25 teil. Am 9. August 1915 ging er zusammen mit dem Zeppelin-Schiff LZ. 7 in See, um die Ver- bindung mit dem Hilfskreuzer „Meteor" aufzunehmen, der beim Minenlegen von eng- lischen Seestreitkräften abgedrängt war. Der PL. 25 sichtete etwa 20 Seemeilen nord- westlich Horns-Riff-Feuerschiff sechs englische Panzerkreuzer und zwei Zerstörer, die Kurs auf die dänische Küste hatten. Das Luftschiff setzte in 1000 m Höhe seine Fahrt auf die englischen Panzerkreuzer fort, die aus schweren Geschützen auf das Fahrzeug schossen. Anscheinend hatten sie keine Flak-Geschütze an Bord. Das Schiff wurde dann kurze Zeit durch Wolken der feindlichen Sicht entzogen. Als die Luft wieder sichtig wurde, befanden sich die Panzerkreuzer südlich; der PL. 25 war also direkt über sie hinweggefahren.

Die Engländer drehten dann ab und nahmen wieder Kurs nach Westen; das deutsche Luftschiff mußte noch einmal über ihre Linie zurück, wobei es von den Zerstörern Feuer erhielt. Nachdem der bewegungsunfähig gewordene „Meteor" von den Deutschen in die Luft gesprengt war, erhielt der PL. 25 den Befehl zum Einlaufen.

Der PL. 25 wurde später von der Front zurückgezogen, da seine Leistungen nicht mehr genügten, und als Schulschiff benutzt.

Durch die Entwicklung der Riesenflugzeuge wurden die Luftschiffe in der Folge von der Aufgabe, das südliche England anzugreifen, entlastet, da die Küste und London selbst den Flugzeugen ebensogut erreichbar war. Von da ab wurde Nordengland das Angriffsziel der Luftschiffe.

Nach wie vor waren aber die Verluste groß. Am schlimmsten war der 19./20. Oktober 1917. An diesem Tage wurde ein Geschwader von sechs Luftschiffen bei der Rückkehr von einem Englandangriff durch einen heftigen Sturm überrascht. Die Schiffe wurden abgetrieben und vier davon strandeten in Frankreich. Nur eins, LZ. 101, gelangte nach Deutschland zurück und strandete in Thüringen. Aber auch dieses mußte abgebaut werden.

Ein sehr seltsamer Unfall vernichtete den LZ. 44. Am 8. Oktober 1915 rannte er im Nebel gegen einen Berg und riß sich beide Gondeln ab. Der Ballon ging für sich allein wieder in die Höhe und konnte durch den im Laufgang befindlichen Fahringenieur bei Orthe gelandet werden.

Am 2. Oktober 1916 wurde der erfolgreichste deutsche Luftschiff-Führer, Kapitänleutnant Mathy, der 13 Englandangriffe geführt hatte, mit dem LZ. 72 über London abgeschossen. Das Schiff ging brennend zu Boden.

In ähnlicher Weise fand am 18. August 1918 der hochverdiente Fregattenkapitän Peter Straßer mit dem LZ. 113 den Tod. Ihm hat die Luftschiffwaffe viel zu danken. Seiner Energie und Initiative gebührt ein Hauptanteil an der Verbesserung, namentlich der Gewichtsverminderung der Schiffe, die sie zu Leistungen befähigte, die sich in dieser Form wohl nie mehr wiederholen werden.

DAS AFRIKA-LUFTSCHIFF

Es ist nicht meine Aufgabe, hier eine vollständige Geschichte der Kriegstaten der deutschen Luftschiffe zu schreiben; aber einer Unternehmung möchte ich noch gedenken, die zwar nicht von großer militärischer Bedeutung ist, aber einer gewissen Romantik nicht entbehrt und zu einer technischen Glanzleistung geführt hat, die bis heute nicht übertroffen ist, ich meine die Expedition des Afrika-Luftschiffs.

Die Marine verlangte im Jahre 1917 von der Zeppelin-Werft ein Schiff, mit dem man der deutschen Schutztruppe unter Lettow-Vorbeck, die seit drei Jahren von der Heimat abgeschnitten, einen heldenmütigen Kampf gegen einen übermächtigen Feind führte, Hilfe bringen könnte. Es sollten ihr Maschinengewehre, Munition, Verbands- und Heilmittel zugeführt werden.

Damals war das 56000-cbm-Schiff der gängige Typ. Es war aber ausgeschlossen, mit einem solchen Schiff diese Aufgabe zu erfüllen. Ebensowenig aber war es möglich, in kurzer Zeit einen neuen Typ zu schaffen; man half sich daher damit, daß man den gegebenen Typ verlängerte, indem man in der Mitte des durchschnittenen Schiffskörpers einen Zylinder von 30 m Länge einfügte, wodurch der Ballon um ca. 13000 cbm vergrößert wurde. Die

Abb. 106. Das Afrika-Luftschiff

Geschwindigkeit des Schiffes verminderte sich natürlich ein wenig; aber die Tragfähigkeit reichte nunmehr aus für die Mengen an Material und Brennstoff, die mitzuführen waren. Im übrigen blieb die Konstruktion ungeändert; nur wurden mit Rücksicht auf die größeren Lasten die Auffangevorrichtungen bei der Landung verstärkt.

Zunächst wurden zwei solche Schiffe gebaut. Das erste davon verunglückte aber leider bei einer Probefahrt in Staaken. Es konnte nach der Fahrt wegen starken Seitenwindes nicht in die Halle zurückgebracht werden und wurde daher auf dem Platz verankert. Hier wurde es von dem starken Sturm zu Boden gedrückt und zerstört.

Das zweite Schiff, der LZ. 104, hatte mehr Glück; es erreichte wohlbehalten auf dem Luftwege die Halle in Jamboli in Bulgarien, dem Ort, der als Ausgangspunkt für die Afrikafahrt gewählt war. Dort waren erst Baracken für die Mannschaft errichtet und Gas in Stahlbehältern angefahren worden. Die Besatzung wurde besonders sorgfältig für den Tropendienst ausgewählt, die Führung erhielt der Kapitän Bockholt.

Als ein großer Übelstand machte sich der mangelnde Wetterdienst bemerkbar. Aus Afrika und dem Nildelta waren keinerlei Wetter- und Windmeldungen zu erhalten, und die von den deutschen Truppen in Kleinasien gegebenen Wetterberichte waren für den Zweck nicht maßgebend.

So kam es denn auf gut Glück an, und am 21. November 1917 entschloß sich der Kommandant zum Aufstieg. Die Fahrt ging über Adrianopel und Smyrna, das bei Dunkelheit überfahren wurde, nach der Ostspitze Kretas. Die Insel wurde gegen 10 Uhr abends erreicht.

Am 22. November, früh 5 Uhr, überfuhr das Schiff die afrikanische Küste östlich von Solum und nahm Kurs über die Sahara auf die Oase Farafra. Dabei herrschten in 1000 m Höhe derartige Vertikalböen, daß bei mehreren Leuten der Besatzung Seekrankheitserscheinungen auftraten. Die Navigierung in der Wüste erfolgte bei Tag nach der Sonne und nachts nach den Gestirnen, ebenso wie bei den Schiffen auf hoher See. Nachmittags war infolge des Bruches eines Maschinenteils der Motor der vorderen Maschinengondel vollkommen ausgefallen; es gelang jedoch, mit Bordmitteln den Schaden zu beseitigen, und um 9½ Uhr abends wurde der Nil angesteuert. Nun stieg bei stärkerwerdendem, feuchten Nordostwind und dunstiger Luft die Außentemperatur schnell auf 25° C und das Luftschiff fiel infolge der Hitze plötzlich stark durch und konnte nur durch Ballastabgabe und Abwurf von Munition gehalten werden, so daß eben noch das Aufstoßen an eine Bergspitze vermieden wurde.

Mit fieberhafter Spannung wurde in Deutschland die Entwicklung des Unternehmens verfolgt. Gerade an diesem Tage drang aber die Nachricht durch, daß unsere Schutztruppe sich auf deutschem Boden in Ostafrika nicht hatte halten können und auf portugiesisches Gebiet übergetreten war, ferner, daß die Engländer eine große Zahl von Flugzeugen im Kampfe gegen unsere Schutztruppe verwandten. Eine Gewähr, daß das Schiff sein Ziel glücklich und zum Vorteil der Schutztruppe erreichen würde, bestand demnach nicht mehr, und so entschloß sich die Leitung, den Befehl zur Umkehr zu geben.

Das Schiff verstand den Ruf und trat die Rückfahrt um 2 Uhr 50 Minuten nachmittags an, als es bereits Khartum in Oberägypten erreicht hatte. Es bestand damals begründete Aussicht, das Ziel zu erreichen; denn Benzin und Wasser war noch reichlich vorhanden und das Personal hätte trotz großer Anstrengungen ohne Bedenken noch zwei weitere Tage durchhalten können.

Die Bedienung des Schiffes stellte sehr hohe Anforderungen. Es wurde Wache gegangen wie auf Kriegsschiffen, 4 und 8 Stunden. Nach vierstündiger Wache in der Wüste, befiel die Leute, die Seiten- und Höhensteuer bedienten, ein starkes Flimmern der Augen und Kopfschmerz. Als Schlafgelegenheit dienten Netzhängematten im Laufgang. Eine wirkliche Ruhe war indes nicht möglich, da die Spanndrähte und die klappernde Außenhülle dauernd störten.

Auf der Rückfahrt, bei der am 24. November, um 3 Uhr nachmittags, die afrikanische Küste bei Solum überschritten wurde, herrschte in dem Luftschiff eine Treibhaustemperatur von 28° C, die jedoch in der Nacht auf 1° C fiel, so daß viele Leute bei der Landung stark erkältet waren und Fiebererscheinungen hatten.

Der Rückweg über Kleinasien brachte noch heftige Kämpfe mit böigen Bergwinden bis am 25. November, um 7 Uhr 30 Minuten morgens, die Landung in Jamboli erfolgen konnte.

Der LZ. 114 hatte im ganzen 6755 km, d. h. eine längere Strecke, als die bis zum beabsichtigten Landeplatz in Deutsch-Ostafrika, zurückgelegt und dazu 95 Stunden gebraucht also eine Reisegeschwindigkeit von 71 km in der Stunde erreicht.

Nachdem das Schiff in der Werft von Friedrichshafen überholt und wieder zum Luftkreuzer umgewandelt war, wurde es noch einmal am Mittelländischen Meere stationiert und machte mehrere Erkundungs- und Angriffsflüge gegen Griechenland und Italien, darunter besonders einen gegen Neapel. Über das Ende des schönen Schiffes berichtet Oberleutnant z. S. Sprenger, der Kommandant des Unterseebootes U. 53, das sich auf der Fahrt von Norden her gegen die Meerenge von Otranto befand, folgendes:

(Ich gebe den Bericht gekürzt wieder.) „Das Wetter war schlecht und unsichtig, der Himmel stark bedeckt, Regenschauer, kurz bedrückende Gewitterstimmung und darüber hinaus stark phosphoreszierendes Wasser.

Kurz nach 8 Uhr abends meldet der Oberbootsmaat: „Achteraus scheinbar schnell aufkommendes Luftschiff." Durch mein gutes Marineglas erkenne ich undeutlich ein großes Luftschiff über unserem Kurs schnell aufkommend. Da ich vom Auslaufen des L. 59 keinerlei Mitteilung bekommen hatte — meine Funkentelegraphieanlage war gestört — mußte ich zunächst annehmen, daß es sich um ein feindliches, unserem Z.-Typ nachgebautes Luftschiff handele.

Das Luftschiff hielt sich in niedriger Fahrthöhe, etwa 200 m, so daß ihm das stark phosphoreszierende Kielwasser unseres U-Bootes nicht entgehen konnte. Es erschien daher die Annahme begründet — falls es sich um ein feindliches Luftschiff handelte — daß es einen Angriff versuchen würde.

Unverzüglich ließ ich Maschinengewehr und Geschütz besetzen und blieb noch auf dem alten Kurse, den das Luftschiff genau überflog. Als kurz nach dem Abdrehen unseres Bootes das Luftschiff so dicht an uns vorbeifährt, daß man mit bloßem Auge die Gondeln erblicken kann, glaubte ich bestimmt, unseren Zeppelin-Typ zu erkennen. Schweren Herzens entschließe ich mich, Feuer zu verbieten, das das Luftschiff bei der geringen Entfernung und Höhe zerstört haben müßte. Da der Luftkreuzer aber nicht einwandfrei als Freund erkannt war, vermied ich den Austausch von Erkennungssignalen, um so nicht die Aufmerksamkeit des Gegners auf mich zu lenken.

Schnell kam das Luftschiff aus Sicht; ich ging auf alten Kurs und war nun beinahe überzeugt, ein feindliches Luftschiff vorbeigelassen zu haben.

Eine halbe Stunde später wird achteraus im Abstand von etwa 10 km ein Zerstörer mit hoher Fahrt auf nördlichem Kurs gesichtet, der scheinbar die Bucht von Cattaro ansteuert. Längere Zeit gibt das Schiff Lichtsignale mittels Scheinwerfer ab, aus denen sich das Mündungsfeuer mehrerer Geschütze abhebt. Da vom Luftschiff aber nichts mehr zu sehen ist, kann das nordwärts steuernde Fahrzeug dieses nicht meinen.

Nicht lange darauf werden in südlicher Richtung — geschätzter Abstand 25—30 km — zwei dicht nebeneinander liegende Feuerpunkte hoch in der Luft bemerkt. Kaum war der Überlegung hinsichtlich der Ursache dieser merkwürdigen Erscheinung Zeit gelassen, als sich plötzlich eine riesenhafte Flamme in der Luft entwickelt, die deutlich die feurigen Umrisse eines Luftschiffes erkennen läßt. Für kurze Zeit ist der Horizont taghell erleuchtet; dann senkt sich das brennende Luftschiff langsam tiefer, bis es hinter der Kimm verschwindet. Noch 20 Minuten ist der Feuerschein hinter der Kimm sichtbar.

Mit einem Male war es uns allen klar: das war unser Luftschiff. Noch einige markerschütternde Detonationen künden die Zeit, da sich die Wogen des Meeres über Bockholt samt seiner wackeren und pflichtgetreuen Besatzung schließen.

Da wir annehmen mußten, daß L. 59 das Opfer feindlicher Schrapnells war, ließ ich mit äußerster Kraft jener Stelle zusteuern, um, wenn nicht mehr zu retten, so doch wenigstens rächen zu können. — — Etwa zwei Stunden lang liegt U. 53 auf denselben Wassern, die das brennende Luftschiff aufgenommen. Doch es war weit und breit nichts mehr zu sehen, wiewohl ich alle, auch nur im Bereich des Möglichen liegende Punkte ansteuern ließ."

U. 53 muß seine Kreuzerfahrt schweren Herzens weiter fortsetzen, um dem Gegner im östlichen Mittelmeer vor Kairo, Alexandria und an der syrischen Küste Abbruch zu tun.

Aus dem Bericht ist nicht ersichtlich, ob das Luftschiff einer feindlichen Einwirkung oder einer Entladung der atmosphärischen Elektrizität zum Opfer gefallen ist. Da aber die italienische Presse über die Vernichtung eines deutschen Luftschiffes nichts gebracht hat, darf man eher das zweite annehmen.

An der Meerenge von Otranto, in der Höhe von Brindisi, schlafen die Getreuen von L. 59 den ewigen Schlaf.

GRAF ZEPPELIN IM KRIEGE

Nach dem Triumph seines Systems in Deutschland und im Besitze der Nationalflugspende begann Zeppelin nach einem großzügigen Plane seine Erfindung auszubauen. In technischer Beziehung vernachlässigte er keinen Zweig seines Gebiets. Wir haben gesehen, wie er für die Entwicklung der Motoren und Propeller sorgte, wie er der Funkentelegraphie eine eingehende Aufmerksamkeit schenkte und wie er sich in Friedrichshafen ein aerodynamisches Laboratorium für seine Zwecke schuf.

Ein Teil dieses Planes war auch die Gründung der „Delag", der deutschen Luftschiff-Verkehrsgesellschaft, die ihm einen dauernden Absatz für seine Schiffe gewährleisten sollte. Leider aber erwies sich dieser Gedanke nicht als durchführbar und der Luftschiffbetrieb mußte eingestellt werden. Dadurch war aber das Kapital teilweise verbraucht, teilweise in Anlagen festgelegt, die nur bei richtiger Ausnutzung einen entsprechenden Wert hatten.

Da war es die Heeresverwaltung, die ihn durch ihre Bestellungen in den Stand setzte, vorerst wenigstens durchzuhalten; grundlegend aber änderte sich das durch den Ausbruch des Krieges.

Wie alle Zweige der Kriegsindustrie wurde auch der Luftschiffbau bis zur Grenze seiner Leistungsfähigkeit in Anspruch genommen; es kam so weit, daß die Montagedauer eines Schiffes bis auf die Zeit eines Monats herabgedrückt wurde. Freilich war der Graf bei dieser Tretmühle persönlich ziemlich ausgeschaltet, die Anforderungen der Front ergaben die für den Bau der Schiffe maßgebenden Gesichtspunkte, die Offiziere bestimmten über Größe und Einrichtung der Schiffe. Immerhin war viel gewonnen, daß die Mittel zur Entwicklung des Werkes in genügendem Maße vorhanden waren.

Da wandte er mit weitschauendem Blicke sein Interesse auch der Flugzeugwaffe zu und veranlaßte den Bau von Riesenflugzeugen, die, wenn auch nur auf kürzeren Strecken, die Luftschiffe im Abwurf von Bomben ersetzen konnten und nicht in dem gleichen Maße ein empfindliches Ziel darboten wie ein Luftschiff. Groß waren die Schwierigkeiten, die sich auf diesem Wege zeigten, da die Motoren keineswegs auf der Höhe waren und da die erforderliche Übung in der Führung der Apparate damals noch mangelte. Schmerzlich waren die Verluste an wertvollen Menschenleben! Waren doch die Verluste an Fliegern durch Absturz in der Heimat nicht viel geringer als die durch feindliche Einwirkung an der Front. Aber das Ziel wurde erreicht; gegen Ende des Feldzuges konnten die Angriffe auf London den Flugzeugen übertragen werden.

Doch auch in anderer Richtung wirkte seine Anregung befruchtend. Aus einer während des Krieges begonnenen Fabrikation hat sich die zu dem Zeppelin-Konzern gehörige Firma

Dornier entwickelt, die in Friedrichshafen Metallflugzeuge baute und nach dem Kriege eine Filiale in Pisa errichtet hat, um sich den Beschränkungen des Londoner Diktats mit seinen Begriffsbestimmungen zu entziehen.

In neuester Zeit hat sie die beiden Flugzeuge geliefert, mit denen Amundsen seinen Polarflug ausgeführt hat. Bei der Landung auf dem Eise wurde das eine davon beschädigt und mußte aufgegeben werden. Das zweite Flugzeug fror in einem Wasserstreifen zwischen den Eisschollen ein und wurde nur mit äußerster Anstrengung der Besatzung wieder flottgemacht. Nachdem alles irgend Entbehrliche zurückgelassen war, gelang der Start und so vermochte sich wenigstens die unerschrockene Besatzung zu retten, indem sie bis in den Bereich eines bereitliegenden Hilfsschiffes gelangte, das die Männer aufnahm und das Flugzeug abschleppte.

Die Hauptgefahr liegt also in der großen Schwierigkeit, einen geeigneten Lande- und Startplatz auf dem mit Eisschollen bedeckten Meer zu finden. Es dürfte aber auch der Beweis geliefert sein, daß die Leistungsfähigkeit der Flugzeuge für die ihnen von Amundsen gestellte Aufgabe zur Zeit noch nicht ausreicht.

So hat die Tätigkeit Zeppelins auch auf einem Gebiet Früchte getragen, das nicht als das ihm speziell eigentümliche angesehen werden kann. Während des Krieges versuchte er wiederholt, die Reichsregierung zu größeren Luftschiffunternehmungen zu drängen, mittelst deren er England „auf die Knie zu zwingen" hoffte. Aber seine Anregungen, stürmisch und selbstüberzeugt wie immer, scheiterten an der Macht der Verhältnisse.

DER TOD

Im Frühjahr 1917 war eine Luftfahrtausstellung in Berlin in den Ausstellungshallen am Zoologischen Garten, bei der eine große Zahl Beuteflugzeuge zu sehen war. Auch der Graf war dorthin gekommen und hier sah ich den greisen Pionier zum letztenmal. Noch einmal vereinigte er seine Freunde gastlich im „Kaiserhof", und wir dachten nicht, daß es das letzte Mal sein sollte. Da war er ganz der alte, der echte Zeppelin, der jugendliche Heißsporn im weißen Haar, der bescheidene Mensch, der sorgsame Wirt, der ängstlich auf das Wohl seiner Gäste bedacht war. So wird er uns im Gedächtnis bleiben, uns, die wir ihn gekannt haben; denn das war das Schöne an ihm: Niemals gab er sich als den großen, den gebietenden Herrn, stets war er im persönlichen Verkehr voller Güte und Herzlichkeit.

Am 8. März 1917 verschied er. Ihn, dessen unerschütterliche Festigkeit nichts wankend machen konnte, hat der Allüberwinder hinweggerafft. Nicht langsam, nicht im allmählichen Greisensterben ist dieses leuchtende Leben erloschen; es ist dem heimtückischen Angriff einer schweren Krankheit erlegen ohne Siechtum, so wie er es sich in guten Tagen gewünscht haben mag. Bis zuletzt ist ihm seine Frische, sein Unternehmungsgeist treugeblieben, bis zuletzt war er voller Entwürfe und Pläne, als sollte für ihn das Leben keine Grenzen haben.

Was er dem deutschen Volke war, das ist nicht allein auf seine blendenden technischen Leistungen zurückzuführen. Fragen wir uns, wie der merkwürdige Zauber zu erklären ist, den er auf Hoch und Nieder ausgeübt hat, so müssen wir sagen: Es war die Vereinigung eines lauteren und vornehmen Charakters mit einem unverwüstlichen, oft phantastisch anmutenden Optimismus und eine ganz außerordentliche Zähigkeit. Eine seltene geistige und körperliche Energie war gepaart mit einer Einfachheit und Liebenswürdigkeit im Verkehr, die ihm alle Herzen gewann.

Er war ein Glücklicher, nicht nur durch seine Erfolge, sondern durch die Eigenschaften seines goldenen Gemüts. Es hat gezeigt, wie der Glaube an sich selbst, tapfere Entschlossenheit und Ausdauer die größten, scheinbar unüberwindlichen Hindernisse besiegen können. Seine leuchtende Persönlichkeit wird uns in der dunkeln deutschen Geschichte für immer ein Beispiel und ein Trost sein.

Der Nachruf der Luftstreitkräfte lautete:

Deutschlands Graf Zeppelin ist gestorben! Aus der Welt ist ein schöpferischer Geist mit ihm geschieden. Einen Traum unserer Zeit hat er zur Waffe gestaltet. Bis zum letzten Tag hat er gewirkt für des Deutschen Reiches Luftmacht.

Seine Werke ehren den unauslöschlichen Namen, nicht unsere Worte.

Der kommandierende General der Luftstreitkräfte
gez. *von Hoeppner*

Möge er in Frieden ruhen. Ihm ist wohl; er hat das Unglück seines Vaterlandes nicht mehr mit ansehen müssen.

DIE TÄTIGKEIT DER FEINDLICHEN LUFTSCHIFFE IM WELTKRIEG

Nach „Aeronautics" vom 11. Dezember 1918 Nr. 269

Die umfangreichste Tätigkeit entfalteten auf der Seite unserer Gegner die englischen Luftschiffe. Bei Kriegsausbruch besaß England kein Starrschiff, sondern nur Parseval-Schiffe. Diese wurden in Größen von 2—3000 cbm in großer Zahl gebaut und dienten zur Beobachtung der Unterseeboote. Größere Schiffe bis zu 10000 cbm sollten für Aufklärungszwecke für die Flotte dienen und Patrouillenfahrten bis zu 20 Stunden leisten. Sie erhielten zwei Motoren von insgesamt 500—600 PS Leistung. Kleinere Schiffe von etwa 6000 cbm taten während der beiden letzten Kriegsjahre Patrouillendienste über sehr lange Strecken und dienten zur Begleitung von Seeschiffen von jenseits der Scillyinseln bis in den Kanal. Mit den Erfolgen waren die Engländer zufrieden. Auf Patrouille waren die Luftschiffe imstande, die Zerstörung zahlreicher U-Boote zu vollbringen, entweder durch Abwurf von Bomben oder durch Aufbietung von Seestreitkräften. Außerdem dienten sie dazu, Schiffe aus gefährdeten Gebieten herauszuleiten; schließlich wurden Minen von ihnen festgestellt und zerstört.

Das System der Begleitung durch Luftschiffe erwies sich als sehr erfolgreich. Auf Transporten, die unter Begleitung von Luftschiffen vorgenommen wurden, ist auch nicht ein Schiff versenkt worden.

Mit starren Schiffen hatte die englische Marine schon im Jahre 1911 einen Versuch gemacht; das erste Schiff zerbrach aber bei dem ersten Versuche. Erst im Jahre 1913 waren Bestellungen für vier Starrschiffe nach dem System Zeppelins aufgegeben. Eins, das verschiedene Male über London gewesen ist, hatte ein Volumen von ca. 28 000 cbm, andere größere sind im Bau (1918).

Von besonderem Interesse sind einige allgemeine Erfahrungen. So heißt es: „Starre Luftschiffe sind das beste Aufklärungsmittel für die Flotte. Deutschland verdankt es seinen Zeppelinen, daß sich seine Flotte nach der Seeschlacht bei Jütland zurückziehen konnte. Dasselbe gilt bezüglich der Flottille, die am Ostermontag 1916 Scarborough angriff."

Weiter sagt der Verfasser: „Es ist ein weitverbreiteter Glaube, daß Luftschiffe eine besonders hohe Zahl von technischen Hilfskräften benötigen. Wenn man aber die Zahl der Flugstunden ins Verhältnis setzt zu der Zahl der in Anspruch genommenen Hände, so erweisen sich die Luftschiffe wirtschaftlicher in bezug auf Menschenkraft als die Flugzeuge. Dies geht aus folgenden Zahlen hervor: Die Flugstunden der in Anspruch genommenen Mannschaften betrugen bei Luftschiffen 1,4, bei Flugzeugen 0,4." Der Schluß des Artikels lautet: „Wenn man die riesige Zerstörungskraft eines einzigen U-Bootes ins Auge faßt, so kann man die Dienste, die Englands Luftschiffe zugunsten der Nahrungsmittelversorgung und der Truppentransporte geleistet haben, nicht leicht zu hoch einschätzen."

Auch Frankreich beteiligte sich an der Schaffung von Patrouillenluftschiffen, die nach dem System Zodiac, einer Fortbildung des Luftschiffes Renard, erbaut waren, und Pressestimmen sprechen sich über das Ergebnis befriedigt aus.

Italien, das sich schon vor dem Kriege für die Luftschiffahrt interessiert hatte, brachte über dem Mittelländischen Meer eine Anzahl Luftschiffe in Tätigkeit, von denen mehrere in der Adria abgeschossen wurden. Auch lieferte es Luftschiffe für England.

DIE NACHKRIEGSZEIT

„BODENSEE" UND „NORDSTERN"

In jenem furchtbaren Augenblick, wo der deutsche Generalstabschef schleunigen Abschluß des Waffenstillstands forderte, wo der Kaiser nach Holland flüchtete, da brach der deutsche Widerstand zusammen und der Feind diktierte das Gesetz. Nun mußten mit anderem Kriegsgerät auch die Luftschiffe ausgeliefert werden. Teilweise wurden sie von den Besatzungen zerstört; der LZ. 109 und LZ. 113 kamen nach England. In jenen Tagen der allgemeinen Erschöpfung und des Kleinmuts war die Zeppelin-Gesellschaft unter den wenigen, die aufrecht blieben. Sie setzte ihren Betrieb fort und erbaute im Jahre 1919 das Verkehrsschiff „Bodensee" und im Jahre 1921 den „Nordstern". Die „Bodensee" war anfangs 20000 cbm groß und wurde später auf 22500 cbm verlängert; von gleicher Größe war der „Nordstern". Beide Schiffe besaßen vier Maybach-Motoren in drei Gondeln. Zwei Motoren standen in der hinteren Gondel und betrieben gemeinsam eine Luftschraube, die beiden anderen Motoren waren in zwei seitlich nebeneinander hängenden Gondeln aufgestellt. Vorn befand sich eine Führer- und daran anschließend eine Fahrgastgondel. Die äußere Form war, den modernen Forschungen entsprechend, etwas stumpfer als früher: Der Ballon hatte die siebenfache Länge seines Durchmessers. Die entschiedene Durchführung des Prinzips: glatte Stromlinienform mit möglichst wenig störenden Anhängseln ergab eine erstaunliche Geschwindigkeit. Die „Bodensee" erreichte in ihrer kleineren Form 133 km/st Geschwindigkeit und nach ihrer Vergrößerung 129 km/st, und das nämliche leistete der „Nordstern". Die Schiffe hatten damit einen Rekord. Ein Jahr lang war die „Bodensee" als Verkehrsschiff zwischen Friedrichshafen und Berlin tätig und beförderte in 103 Fahrten 2380 Fahrgäste. Leider dauerte die Freude nicht lange. Nach dem Londoner Diktat vom Jahre 1921 mußten beide Schiffe den Feinden ausgeliefert werden. Der „Nordstern" kam an Frankreich und erhielt den Namen „Méditerranée", die „Bodensee" ging an Italien über.

Abb. 107. Werft Friedrichshafen im Jahre 1918

Abb. 108. Die „Bodensee"

Zum Ersatz der von den Besatzungen zerstörten Schiffe mußten zwei Schiffe als Reparationsleistung neu erbaut werden, und zwar der LZ. 72, ein Schwesterschiff des LZ. 71, für Frankreich, die zu trauriger Berühmtheit gelangte „Dixmuiden", und der LZ. 126 für Amerika.

Abb. 109. Der „Nordstern"

Das amerikanische Reparationsschiff ist durch seine Fahrt von Friedrichshafen nach Lakehurst — dem amerikanischen Luftschiffhafen — berühmt geworden. Es ist der größte Bau, der bisher aus der Werft in Friedrichshafen hervorging; er hat einen Gasraum von 70000 cbm. Seine äußere Form gleicht derjenigen der „Bodensee". Besonders bemerkenswert sind die Motoren. Diesmal ist ein stärkerer Typ von 420 P. S. zur Anwendung gekommen, der von Maybach eigens zu diesem Zweck neu geschaffen wurde. Er ist in dem Artikel über Motoren beschrieben.

Um die große Leistung von 420 P. S. in einem Motor zu erzeugen, mußte die Zahl der Zylinder auf zwölf vermehrt werden.

Die Propeller sitzen direkt auf den Motorachsen, so daß für jeden der fünf Motoren eine eigene Gondel nötig war. Da die Motoren auch rückwärts laufen können, so hat der Führer die Möglichkeit, das Schiff bei einer Landung mittels der Propeller wirksam zu bremsen. Die fünf Gondeln sind so angeordnet, daß eine ganz hinten in der Mitte liegt, zwei weitere nebeneinander weiter vorn und die beiden letzten noch weiter vorn und noch weiter auseinander, so daß kein Propeller seinen Luftstrahl auf irgendeinen anderen Teil des Schiffes sendet, was, wenn es einträte, einen Leistungsverlust zur Folge hätte.

Ganz vorn befindet sich die Führergondel, dahinter eine Fahrgastkabine mit 20 Schlafplätzen. Die Schlafplätze der Bemannung liegen im Laufgang.

Mit der gesamten Maschinenleistung von rund 2200 P. S. kann das Schiff eine größte Geschwindigkeit von 127 km/st und mit etwa zwei Drittel seiner Leistung eine Marschgeschwindigkeit von 113 km/st entwickeln.

Die erste Probefahrt des Schiffes fand am 27. August 1924 statt; am 11. September folgte eine Fahrt in die Schweiz auf demselben Kurs, den seinerzeit der LZ. 4 zurückgelegt hatte. Dann machte das Schiff noch eine Rundfahrt durch ganz Deutschland bis an die Ostsee.

Abb. 110. Gerippe des LZ. 126 im Bau

Abb. 111. LZ. 126 im Bau. Eingelegte Probezelle

Es war eine Erinnerung an frühere, stolze Zeiten, als das Schiff, im Silberglanz seines Aluminiumpuders schillernd, über Berlin und viele andere deutsche Städte hinwegzog und die ganze Bevölkerung jubelte ihm zu.

Nach langer und sorgfältiger Vorbereitung, bei der namentlich die Erprobung der Motoren viel Zeit kostete, war es endlich so weit, daß der Leiter des Aufstiegs, Dr. Eckener, den Zeitpunkt für gekommen hielt, die versprochene Überführung des Schiffes nach Amerika vorzunehmen.

Am 12. Oktober 1924, früh 6 Uhr, wurde die Fahrt angetreten. Leichter Nebel lag auf dem Bodensee, als das Schiff sich erhob und nach wenigen Minuten den Blicken der Zuschauer entschwand. Der Entschluß war nicht leicht; das Schiff hatte zwar die gewaltige Menge von 32 t Benzin an Bord, doch mußte man mit einer Fahrtdauer von 3 bis 4 Tagen rechnen, für die man das Wetter nicht vorausberechnen konnte. Das Schiff mußte daher über die Veränderung der Wetterlage durch Funkspruch dauernd unterrichtet werden.

Nun fragte es sich, welchen Kurs das Schiff nehmen sollte.

Am Abfahrtstage lag über Europa ein kräftiges Hochdruckgebiet, das für Friedrichshafen windstilles, am Tage wolkenloses, in den Frühstunden nebliges Wetter brachte. Südlich von Island lag ein Tiefdruckgebiet, das sich auszufüllen begann und nordostwärts abzog. Zwischen den Azoren und Neufundland lag ein Hochdruckgebiet, während südlich von Neufundland ein Tiefdruckgebiet erkennbar war.

Angesichts dieser Wetterlage beschloß die Fahrtleitung, zunächst über die Bucht von Biskaya weg die Azoren anzusteuern, wo man schönes Wetter anzutreffen hoffen konnte. Sollte heftiger Westwind auf dieser Route herrschen, so war ein Ausweichen nach Süden über das Rhonetal und die Straße von Gibraltar ins Auge gefaßt. Dieser Fall trat jedoch nicht ein. Das Luftschiff fuhr zunächst den Rhein entlang, überquerte Frankreich und ge-

Abb. 112. Der fertige LZ. 126 in der Halle

langte mit guter Geschwindigkeit bis in die Nähe der Azoren. Hier war gutes, windstilles Wetter. Nach zweitägiger Fahrt, am 14. Oktober früh, tauchte aber im Westen ein Tief auf und LZ. 126 lief nun in einen Bereich lebhafter südwestlicher Winde hinein, die bis 65 km/st erreichten. Die Leitung sah sich nun zu einem Entschluß gezwungen und bog am 14. Oktober, um 4 Uhr früh, nach Norden aus, indem sie den Kurs senkrecht zum Wind nahm. Bei diesem Verfahren war die Geschwindigkeit über Grund nur wenig vermindert; andererseits war zu erwarten, daß das Schiff im Verlaufe der Fahrt eine Linksdrehung des Windes antreffen und an der Nordseite des Wirbels mit Ost- und Nordostströmungen fahren würde, die die Fahrt begünstigten. Daß die Depression nicht sehr weit nördlich reichte, war bekannt. Diese Voraussetzungen erwiesen sich als richtig; das Schiff traf an der Küste Neuschottlands einen sehr heftigen Nordostwind. Derselbe steigerte sich am Abend des 14. Oktobers zum Sturm, so daß der LZ. 126 von den Böen heftig hinundhergeworfen wurde. Doch waren die Bewegungen nicht heftig; vielmehr war es der Besatzung erstaunlich, wie ruhig im allgemeinen das Schiff über dem tobenden Meere dahinfuhr. Schon in einer Höhe von 300 m wird die Einwirkung der Luftreibung auf dem Wasser ganz unmerklich. Dagegen mußte der Golfstrom durch seine Wärme vertikale Luftbewegungen hervorrufen, die bis in viel größere Höhen reichten und allerdings ein Schaukeln des Schiffes hervorrufen müssen, das aber keine Gefahr in sich schließt und auch keine Neigung zur Seekrankheit hervorruft.

Nun hatte das Schiff Rückenwind, die Fahrt ging außerordentlich schnell vonstatten, und am 15. Oktober, um 6 Uhr früh nach amerikanischer Zeit, war Boston erreicht. Neuyork wurde in einer großen Schleife überflogen und um 2 Uhr nachmittags (nach amerikanischer Zeit) landete der LZ. 126 auf dem Luftschiffhafen von Lakehurst. Er hatte in 85 stündiger Fahrt 7500 km zurückgelegt.

Abb. 113. LZ. 126

Zur Orientierung während der Fahrt wurde der Telefunken-Bordpeiler benutzt. Auch wurde wiederholt von Dampfschiffen in der Nähe Auskunft über das Wetter und über den Standort eingeholt. Da die amerikanischen Stationen angewiesen waren, das Schiff in jeder Weise zu unterstützen und außerdem amerikanische Kriegsschiffe entgegengesandt waren, um funkentelegraphisch Auskunft zu geben, war kein Mangel an Nachrichten.

Bei Beurteilung der Leistung ist zuerst festzustellen, daß die Fahrt des LZ. 126 nicht die erste Überquerung des Atlantischen Ozeans durch ein Luftschiff war, vielmehr gebührt diese Ehre dem englischen Luftschiff R. 34, das die Reise im Jahre 1919 nicht nur einmal, sondern hin und zurück ausgeführt hat. Hierüber wird weiter unten berichtet werden.

Der LZ. 126 war indes so wenig wie der R. 34 für eine so große Fahrt gebaut. Seine Tragkraft war so klein, daß er außer dem Brennstoff fast keine Nutzlast mehr laden konnte. Nach der Landung besaß er noch etwa ein Drittel seines Brennstoffes, und man kann nicht sagen, daß das eine übermäßig große Reserve ist. Wie aus der Flugzeit hervorgeht, ist er durchschnittlich nicht mit seiner größten Geschwindigkeit gefahren, sondern bedeutend langsamer. Bei voller Leistung hätten die Motoren den ganzen Brennstoff in etwa 70 Stunden gefressen. Diese Maßnahme war geboten, um die Motoren zu schonen und den Benzinverbrauch herabzusetzen. Denn bei langsamer Fahrt braucht ein Luftschiff weniger Brennstoff auf den Kilometer berechnet, weil der zu überwindende Fahrtwiderstand sich erheblich verkleinert.

Hat das Luftschiff mit dem Wind zu rechnen, so kann man sagen: bei Mitwind soll das Schiff langsam laufen und Benzin sparen, da der Wind ja ohnehin fördert; bei Gegenwind muß unter Umständen die volle Maschinenkraft eingesetzt werden. Es ist die Kunst der Führung, durch die Wahl des Kurses und den klugen Einsatz des Brennstoffes das günstigste Resultat zu erreichen, ohne dabei die Fahrt in unzulässiger Weise zu verlängern. Hierzu gehört eine genaue Kenntnis des Brennstoffverbrauchs bei den verschiedenen (auf Windstille reduzierten) Geschwindigkeiten. Dieser ist abhängig von der Beschaffenheit der Motoren und von der Zahl der Propeller, die mitlaufen. Stehen eine Anzahl der-

Abb. 114. Die Ruderanlage des LZ. 126

selben ſtill, so wird der Effekt der übrigen infolge der Überlaſtung schlechter. Genau berechnen läßt sich das nicht; es kommt auf das Gefühl und den Takt des Kapitäns an, und die Führung eines solchen Luftschiffes wird immer eine Kunſt bleiben, die nur wenigen Auserwählten zugänglich iſt.

Wir dürfen es dem erfolgreichen Führer Herrn Dr. Eckener Dank wissen, daß er das schöne Schiff mit so viel Ruhe und Umsicht seinem Beſtimmungsort zugeführt und dem deutschen Namen in Amerika Ehre gemacht hat. Das Gelingen dieser Fahrt hat in Amerika Enthusiasmus hervorgerufen und die feindliche Stimmung der Amerikaner gegen uns verbessert. Dadurch hat die Fahrt des Amerika-Schiffes auch eine gewisse politische Bedeutung gewonnen.

Abb. 115. LZ. 126. Fahrgastraum

DER VERSAILLER VERTRAG

Die Hoffnung, daß dieser Erfolg dazu beitragen würde, die einschränkenden Bestimmungen, welche das Londoner Diktat der deutschen Luftschiffahrt auflegte, zu mildern, ist nicht in Erfüllung gegangen. In dieser Abmachung wird bestimmt, daß folgende Größen der Luftschiffe in Deutschland nicht überschritten werden dürfen:

Prallschiffe. . . . . 20 000 cbm
Halbstarre Schiffe . . . . 25 000 „
Gerippeschiffe . . . . . . 30 000 „

Es ist in der Tat nicht möglich, mit diesen Beschränkungen Luftschiffe herzustellen, die einen Verkehr über den Ozean tragen können, wie er für Luftschiffe allein in Frage kommt, und Schiffe zu bauen, die den Mitbewerb im internationalen Verkehr aufnehmen können.

Abb. 116. LZ. 126. Küche

Im Versailler Vertrag ist es Deutschland untersagt, eine Luftkriegsflotte zu halten. Nachdem Wasserstoffluftschiffe sich als nicht kriegsbrauchbar erwiesen haben, ist diese Vertragsbestimmung auf sie nicht mehr anwendbar. Folglich hätte es für den Zweck des Vertrages genügt, den Gebrauch des Heliums zu verbieten. Wenn die Entente in ihrem letzten Diktat die Beschränkungen des Luftschiffbaues trotzdem aufrecht erhalten hat, so lag offensichtlich die Absicht zugrunde, diese Vertragsbestimmung zur wirtschaftlichen Unterdrückung auszunutzen und die Konkurrenz Deutschlands auf diesem Gebiet auszuschalten. Es gehört zu den Widersinnigkeiten der Ententepolitik, daß man zwar Deutschland einen ungeheuren Tribut auferlegt, ihm aber die Verdienstmöglichkeiten auf allen Gebieten soviel als möglich abschneidet.

DIE NACHKRIEGSTÄTIGKEIT AUSSERHALB DEUTSCHLANDS

Nach dem Kriege war die Tätigkeit in der Luftschiffahrt eine schwache. Das bemerkenswerteste Ereignis war die Fahrt eines englischen Starrschiffes R. 34 von England nach Neuyork und zurück. Unter Führung des Generals Maitland verließ das Schiff am 2. Juli 1919 seine Station East Fortune und landete nach einer Fahrt von 108 Stunden in Hazelhurst bei Neuyork. Wie knapp dieses Ergebnis erreicht wurde, geht daraus hervor, daß das Schiff bei der Landung nur mehr für 2 Stunden Benzin besaß. Es war an der amerikanischen Küste durch Gegenwind aufgehalten worden. Danach wurde das Schiff drei Tage lang im Freien verankert und trat am 9. Juli die Rückfahrt nach England an. Dabei hatte es einen frischen Rückenwind, so daß die Ankunft schon am 12. Juli nach einer Fahrzeit von 75 Stunden erfolgte, obwohl einer der vier Motoren zusammengebrochen war, da die Kuppelung riß und der Motor von der Schraube freigeworden, eine so große Umdrehungszahl erlangte, daß er zerstört wurde.

Als sportliche Leistung muß man diese Fahrt anerkennen, wie sie denn auch in England als verwegenes Abenteuer gefeiert wurde, da das Schiff für die Aufgabe eigentlich zu klein war. Als technische Leistung kann sie mit der späteren Fahrt des LZ. 126 nicht verglichen werden, da der letztere eine viel größere Geschwindigkeit entwickelte und einen weit größeren Weg zurückgelegt hat.

Dann aber traf die englische Industrie ein schweres Mißgeschick, indem ein für Amerika gebautes Schiff bei einer Probefahrt über dem Humber infolge der Einwirkung des Seitensteuers zerbrach. Das Schiff ging in Flammen auf und stürzte brennend ab. Die ganze Besatzung, darunter eine amerikanische Abnahmekommission, wurde getötet.

Die beiden von Deutschland ausgelieferten Schiffe wurden nicht weiterverwendet, sondern zum Verkauf ausgeboten, fanden aber keine Abnehmer; sie dürften heutzutage auch nicht mehr verwendbar sein.

An den von Deutschland ausgelieferten Schiffen haben die neuen Besitzer keine Freude erlebt. Am übelsten ist Frankreich damit gefahren. Eines der Schiffe wurde gleich anfangs schwer beschädigt, die beiden anderen ganz neuen Schiffe — „Bodensee" und LZ. 71 — sollten in Verwendung genommen werden und erhielten die Namen „Méditerranée" und „Dixmuiden". Das erstere führt in verschiedenen Ballonhallen ein beschauliches Dasein und scheint gleichfalls mehr oder minder beschädigt zu sein. Die „Dixmuiden" dagegen machte verschiedene größere Fahrten über dem Mittelmeer. Schließlich sollte eine Rekordfahrt unternommen werden. Am 18. Dezember 1924, 6 Uhr vormittags, stieg sie von ihrem Hafen bei Toulon mit 50 Personen an Bord auf und begab sich über die Wüste Sahara, indem sie die Gebirgskette des Atlas im Osten umflog. Am vierten Tage wurde das Ein-

Abb. 117. Die Leitung des LZ. 126

133

Abb. 118. Typ der „Dixmuiden"

treten eines Wetterſturzes signalisiert. Der Führer versuchte auf dem nächſten Wege über das Gebirge die Küſte zu erreichen, erhielt aber den Befehl, die Gegend Colomb Bechar anzulaufen; das lag 800 km weit südweſtlich, der Richtung des Sturmes entgegen.

Aus mehreren aufgefangenen Radiotelegrammen geht hervor, daß dem Schiffe der Benzinvorrat zu Ende ging. Vermutlich war bei dem Versuch, dem Befehle der Leitung Folge zu leiſten, der Brennſtoff verbraucht. Das Schiff trieb mit dem Sturm langsam ab und wurde zuletzt in der Nacht vom 22. zum 23. Dezember im Golf von Gabes gesehen.

Sechs Tage hörte man nichts mehr, da fanden sizilianische Fischer am 28. Dezember in ihren Netzen die Leiche des unglücklichen Führers und einzelne Reſte des Schiffes. Die französische Untersuchungskommission hat feſtgeſtellt, daß der Ballon in 2000 m Höhe vom Blitz getroffen und verbrannt sei. Ob das Schiff mit eigener Kraft in das Unwetter hineingefahren iſt, oder ob es nach Erschöpfung des Brennmaterials ſteuerlos herumtrieb, läßt sich wohl nicht mehr feſtſtellen. Offenbar iſt aber versäumt worden, bei dem Einbruch des Sturmes, die zur Rettung der Besatzung nötigen Maßnahmen zu treffen und das Schiff, wenn nötig, zu opfern. Unter einer umsichtigen und erfahrenen Führung und bei Beobachtung der durch die Umſtände gebotenen Vorsicht wäre es wohl möglich gewesen, die Kataſtrophe zu vermeiden. Die Konſtruktion des Schiffes war ursprünglich für eine solche Dauerfahrt nicht berechnet. Aus dem Umſtand aber, daß der Brennſtoffvorrat ganz ausgefahren werden konnte, darf man wohl schließen, daß die Antriebsvorrichtung nicht versagt hat, und das darf für die Zeppelin-Gesellschaft eine gewisse Genugtuung sein.

Der einzige Staat, der nach dem Kriege den Betrieb der Luftschiffahrt fortgesetzt und die Technik in gewissem Maße weiterentwickelt hat, sind die Vereinigten Staaten von Nordamerika.

Zunächſt wurde außer einem englischen, über dem Humber abgeſtürzten Schiff auch ein italienisches Schiff, die „Roma“, angekauft. Dasselbe war nach dem bekannten italienischen halbſtarren Syſtem erbaut, hatte 32000 cbm Inhalt und besaß sechs Ansaldo-Motoren, die aber durch amerikanische Motoren ersetzt wurden. Bei einer Probefahrt ſtieß das Schiff aus einer Höhe von 100 m infolge Versagens der Höhenſteuerung mit dem Kopf auf dem Boden auf und verbrannte infolge der Berührung mit einer Hochspannungsleitung.

Die Vereinigten Staaten von Amerika besitzen zur Zeit außer dem „Los Angeles“ getauften LZ. 126 noch ein nach deutschen Plänen drüben gebautes Gerippeschiff, die „Shenandoah“*), die dadurch von sich hat reden machen, daß sie einmal vom Landemaſt abriß, aber glücklich mit eigener Kraft wieder ihren Hafen erreichte. Außerdem sind noch kleinere, vermutlich halbſtarre Schiffe vorhanden in der Größe von 8000 cbm. Nach Pressemitteilungen wurden gut verlaufene Versuche mit Auspuffkondensatoren gemacht.

Zur Zeit sind die Vereinigten Staaten allein in der Lage, sich eine Militärluftschiffahrt zu leiſten, da sie die einzigen sind, die Helium besitzen, und es scheint in der Tat, daß sie entschlossen sind, sich diesen Vorteil nicht entgehen zu lassen.

*) Dieses Schiff wurde bei einer Rundfahrt durch die U.S.A. am 3. September 1925 von einer Bö erfaßt und schnell in große Höhen emporgeführt. Dort zerplatzte es, da die Ventile das sich rasch ausdehnende Gas nicht schnell genug entweichen ließen; es zerbrach in zwei Teile und wurde beim Abſturz zerſtört.

TECHNISCHE ERGEBNISSE DES KRIEGES UND AUSBLICKE

WASSERSTOFFSCHIFFE NICHT KRIEGSBRAUCHBAR

So vielseitig und zahlreich die Erfahrungen des Weltkrieges auf dem Gebiete der Luftschiffahrt auch waren, so ist doch das wichtigste Ergebnis dies:

Luftschiffe mit Wasserstoff-Füllung sind für kriegerische Operationen nicht brauchbar,
da sie durch Brandgeschosse zu leicht zerstört werden können. Es ist für ein gut ein-
geübtes Flakgeschütz (ein Sondergeschütz gegen Luftfahrzeuge) nicht schwierig, einen
Ballon zu treffen, da derselbe ein so langes Ziel bietet, daß es auch bei schnellerFahrt
genügt, auf die Spitze des Ballons zu halten. Gefährlicher sind aber noch die Angriffe der
Flieger mit den sogenannten Phosphorgeschossen. Brennt der Ballon erst an einer Stelle,
so ist es unvermeidlich, daß das Feuer sich auf den ganzen Gaskörper ausbreitet und daß
er völlig zerstört wird.

Nun sind die Jagdflugzeuge ziemlich eng an ihren Aufstiegsplatz gebunden, da ihre
Flugzeit nur kurz ist. Während des Krieges konnten sie daher nicht auf hoher See auftreten.

Seitdem aber Flugzeugmutterschiffe, also bewegliche Stützpunkte für Flugzeuge, geschaffen sind, können Luftschiffe auch zur See nicht mehr darauf rechnen, unbehelligt von
Flugzeugen zu bleiben und es ist keine Aussicht, daß sich in einem künftigen Seekrieg
Ereignisse wiederholen wie im letzten, wo die deutschen Luftschiffe nahezu unbehelligt
ihre Aufklärung zur See durchführen konnten.

Auch zur See ist also die Rolle der Luftschiffe heute ausgespielt und die Hoffnungen, mit
denen seinerzeit Zeppelin und wir alle die Luftschiffe als Kriegswaffe betrachteten, haben
sich nicht erfüllt.

DAS HELIUM

Es fragt sich nur, ob nicht das unbrennbare Gas Helium, das neuerdings die Amerikaner
in Benutzung genommen haben, in diesem Punkte Wandel schaffen wird.

Das Helium hat seinen Namen von der Sonne (Helios), weil es mittels der Spektral-
analyse dort zuerst beobachtet wurde. Es verbindet sich chemisch mit keinem anderen
auf der Erde bekannten Stoff, ist also unbrennbar. 1 cbm Helium wiegt 0,178 kg, der
Wasserstoff hat ein Gewicht von 0,090 kg. Helium ist also doppelt so schwer wie Wasserstoff. Beispielsweise würde die Wasserstoff-Füllung eines Ballons von 100000 cbm 9000 kg
wiegen gegen 18000 kg bei Helium, d. h. der Wasserstoffballon hat einen um 9 t größeren
Auftrieb, und die Differenz ändert sich nur wenig, wenn das Gas verschmutzt ist, voraus-

gesetzt, daß die prozentuale Verunreinigung beim Helium und beim Wasserstoffballon die gleiche ist. Nimmt man an, daß der Helium- und der Wasserstoffballon von 100000 cbm beide die nämliche Antriebsvorrichtung, also die gleiche Geschwindigkeit haben und daß der Nutzauftrieb zu gleichen Teilen für den Brennstoff und die zahlende Nutzlast verwendet wird, so erhält man das Ergebnis, daß das Heliumschiff um 12,5 Prozent weniger Nutzlast laden kann und eine um 12,5 Prozent geringere Fahrdauer hat. Seine Transportleistung ist also, in Tonnenkilometern ausgedrückt, etwa 0,875 . 0,875 = 0,77 von derjenigen des Wasserstoffschiffes. Bei schwereren Bauarten und bei kleineren Schiffen ist das Heliumschiff noch mehr im Nachteil.

Die Produktion an Helium ist nicht groß, und die Regierung der Vereinigten Staaten hat sie für militärische Zwecke beschlagnahmt. Helium wird in Amerika in einigen Gasquellen mit höchstens 1 Prozent Heliumgehalt gefunden. Es wird von den anderen Gasen getrennt, indem jene durch Druck und Kälte verflüssigt werden, während das stabilere Helium gasförmig bleibt. Wenn es durch Vermischung mit Luft an Tragkraft verloren hat, so wird es durch das nämliche Verfahren wieder gereinigt. Auch in der Luft ist in Spuren Helium ententhalten, in 1 cbm 1,5 ccm Helium, etwa ein Fingerhut voll, was eine wirtschaftliche Verwertung ausschließt. Helium aus anderen Stoffen zu entwickeln, ähnlich wie Wasserstoff aus Wasser oder aus Steinkohle, ist nach Aussage der Chemiker unmöglich. In Europa ist es in Mengen, die für den Luftschiffbetrieb in Betracht kämen, bisher nicht entdeckt worden. Daher ist es zur Zeit nicht möglich, in Europa einen Luftschiffbetrieb mit Helium einzurichten und Kriegsluftschiffe in Tätigkeit zu setzen.

LUFTSCHIFF UND FLUGZEUG

Wenn somit das Luftschiff für den Kriegsgebrauch nicht mehr in Frage kommt, so entsteht die Frage, inwieweit es für den friedlichen Verkehr verwendbar sein wird und welche Verbesserungen daran anzubringen sind, um es diesem Zweck immer mehr anzupassen.

Da ist der wichtigste Konkurrent des Luftschiffes das Flugzeug. Wird der nutzbare Auftrieb der heutigen Flugzeuge so verwertet, daß er je zur Hälfte auf den Brennstoff und die zahlende Last verteilt wird, so kann das heutige Flugzeug eine Strecke von etwa 800 km zurücklegen, ohne Benzin nachzufüllen. Dabei ist es wesentlich schneller als das Luftschiff. Es vermag in ruhiger Luft eine Reisegeschwindigkeit von 140 bis 150 km pro Stunde zu erreichen, das Luftschiff etwa 110 km.

Überall, wo das Flugzeug auf weiten Landstrecken in der Lage ist, an Stützpunkten Benzin aufzufüllen, ist es dem Luftschiff an Geschwindigkeit überlegen. Dagegen ist das Luftschiff imstande, viel größere Strecken ohne Zwischenlandung zu überbrücken. Eine Strecke von 2000 km ist für ein Luftschiff noch nicht als groß zu bezeichnen. Das wäre etwa von Berlin bis Konstantinopel (nach Moskau sind es 1600 km) und solche Strecken könnten mit kleinen Schiffen von 30000 cbm betrieben werden.

Nun sind Flugzeuge zwar auf der Strecke schneller, sobald aber die Nacht mit benutzt werden kann, ist das Luftschiff schneller. Nachtfahrten sind für Flugzeuge zwar möglich, aber schwierig und im Fall einer Panne außerordentlich gefährlich. Sie werden immer nur Ausnahmen bleiben; beim Luftschiff sind sie das Normale. Außerdem ist das Luftschiff betriebssicherer; es kann nicht abstürzen, was bei Flugzeugen immer noch bisweilen vorkommt, es kann sanft landen, während das Flugzeug mit 80 km Geschwindigkeit auf den Boden aufsetzen muß, die größte Schwäche des Aeroplans. Die Antriebsvorrichtung ist zuverlässiger, da mehrere Motoren vorhanden sind, die einzeln stillgelegt und während der Fahrt repariert werden können, und die Fahrt ist angenehmer und komfortabler. Sie bietet etwa den Komfort eines D-Zuges und die Passagiere leiden nicht unter der Seekrankheit, was bei Flugzeugen ein böser Übelstand ist.

Es ist daher vorauszusehen, daß das Publikum überall, wo es die Wahl hat, die Luftschiffe vorziehen wird.

Bei der Besprechung des Kostenpunktes lege ich ein Prallschiff mit Stahlnetz zugrunde.

Die Kosten der Fahrzeuge, einschließlich der erforderlichen Hallen dürften bei gleicher, täglicher Tonnenkilometer-Leistung bei den Luftschiffen etwas höher sein. Dem steht gegenüber die höhere Ladefähigkeit der Luftschiffe. Sie haben bis zwei Drittel ihres Auftriebs als Zuladung; Flugzeuge noch nicht die Hälfte.

Die Motorleistung pro Tonnenkilometer ist bei den Flugzeugen wesentlich höher; dafür brauchen sie aber keine Gasfüllung, was ein Saldo zu ihren Gunsten ausmacht.

Bedienung und Pflege sind bei den Flugzeugen billiger, Start und Landung bei den Luftschiffen — gute Einrichtungen vorausgesetzt — da die Fahrtwege länger, die Landungen seltener sind.

Wesentlich ungünstiger stehen die Flugzeuge bezüglich der Bruchgefahr. Nicht selten wird ein Flugzeug bei der Landung „restlos erledigt". Bei Prall-Luftschiffen verzeichnet die Chronik bis jetzt noch keine derartige Landung.

Im ganzen rechnet man entschieden zu ungünstig für das Luftschiff, wenn man die Rentabilität einer Luftschifflinie derjenigen einer Flugzeuglinie gleichsetzt.

Der Flug über hohe Gebirge ist dem Flugzeug leichter möglich als einem Luftschiff, weil die Tragkraft des letzteren mit je 1000 m Höhe um 10 Prozent abnimmt, während die Abnahme der Tragkraft eines Flugzeugs eine weit geringere ist. Auch ist das Flugzeug nicht so abhängig von atmosphärischen Einwirkungen wie der Ballon.

Abschließend läßt sich sagen: Strecken ohne Zwischenlandung über 1000 km gehören dem Luftschiff; denn selbst wenn Flugzeuge solche Strecken überwinden können, so wird doch der Betrieb unwirtschaftlich. Unter 1000 km ist der Bereich des Flugzeugs. Es wird als Zubringer zu den großen Luftschifflinien wertvolle Dienste leisten.

Luftschiffe können aber auch auf kürzeren Strecken, z. B. auf der Linie Berlin—London oder Berlin—Moskau, mit Aussicht auf Erfolg konkurrieren, weil sie die Nacht ausnutzen können.

Besonders geeignet sind sie aber zu Vergnügungsfahrten über kürzere Strecken, etwa über dem Mittelmeer. Hier würden kleinere Schiffe von etwa 25 000 cbm, die bis 40 Passagiere befördern könnten, ein dankbares Feld finden. Hier kommt es weniger auf große Geschwindigkeit als auf Sicherheit und Annehmlichkeit an, und durch ihren weiten Rundblick und die sanften Fahrtbewegungen haben sie auch vor Seeschiffen beträchtliche Vorzüge.

DIE BRANDGEFAHR DER WASSERSTOFFLUFTSCHIFFE

Der schwerwiegendste Einwand gegen die Wasserstoffluftschiffe ist die Brandgefahr. Sie hat in der Tat etwas Unheimliches, da Brände in den Hallen vorgekommen sind, deren Ursachen nicht mit Sicherheit ermittelt werden konnten. Während des Krieges waren Spionageakte nicht ausgeschlossen und sie sind in einigen Fällen zu vermuten. Immerhin bleiben noch unaufgeklärte Fälle.

Brände, die dadurch entstehen, daß das Wasserstoffgas unten aus den Ballonventilen in Massen austritt und direkt an die Motoren gelangt, sind dadurch leicht zu vermeiden, daß man das Gas aus den Ventilen in einen gemeinsamen Schlauch abblasen läßt, der hinten und oben am Ballon ins Freie geleitet ist. Der austretende Gasstrahl hat dann etwa die Form des Dampfaustritts bei einer Lokomotive. Die gewaltige Luftbewegung durch die Propeller macht es ferner unmöglich, daß Wasserstoff etwa aus zufälligen Undichtigkeiten des Ballons in irgendeiner meßbaren Menge herunter an die freihängenden Gondeln gelangen kann.

Für den Ballon selbst muß Grundsatz sein: Nirgends darf sich brennbares Gemisch bilden können. Der Raum, in dem solches am ehesten möglich wäre, ist der Abführungsschlauch, er muß beim Nichtgebrauch vollkommen luftleer gehalten werden. Er muß ferner fest und aus unbrennbarem Stoffe sein, damit er kleine Teilbrände ohne Schaden ertragen kann.

Das Gas selbst muß beim Füllen sorgfältig staubfrei gemacht werden, da sich Staubpartikelchen beim Durchstreichen durch die Leitungen elektrisch aufladen und Funken verursachen können, die, so klein sie sind, Knallgas zu zünden vermögen.

Steht der Ballon in der Halle, so muß der Abführungskanal entweder mit einem besonderen Gaskamin verbunden sein oder mit außen liegenden Reserveballons, sogenannten Ballonammen, die austretendes Gas (bei Erwärmung oder sinkendem Luftdruck) aufnehmen oder im umgekehrten Fall solches nachströmen lassen, damit die Zellen stets prall bleiben und durch zufällige Undichtigkeiten keine Luft ansaugen.

Damit nicht durch diese zufälligen Undichtigkeiten, die niemals ganz zu vermeiden sind, sich in dem Raume zwischen den Zellen und der Außenhaut Knallgas bilden kann (hier ist namentlich der Laufgang gefahrbringend), muß dieser Raum dauernd, auch in der Halle, entlüftet werden. Wie wichtig in solchem Falle eine solide und dichte Zellenhaut ist, leuchtet ein, und dieser Wunsch kann um so leichter erfüllt werden, je größer die Luftschiffe sind.

Besonders wichtig ist, daß der Laufgang nur demjenigen ganz zuverlässigen Personal zugänglich ist, das darin zu tun hat. Passagiere, Mechaniker und Bedienstete haben da nichts zu suchen.

Mit diesen einfachen Mitteln kann man die Feuersicherheit der Luftschiffe gewährleisten. Nur eine Besorgnis läßt sich durch mechanische Mittel nicht beseitigen: die Blitzgefahr. Im Kriege sind wiederholt Zeppelin-Schiffe vom Blitz getroffen worden, ohne daß sie ernstlich beschädigt wurden. Der einzige Effekt war ein stecknadelkopfgroßes Loch in den Zellen. Die Elektrizität verteilte sich offenbar in dem großen Gerippe derart, daß mechanische Zerstörungen nicht eintreten konnten. Doch sind auch zwei Fälle vorgekommen, daß Schiffe zerstört wurden. Dem Gewitter muß ein Luftschiff aus dem Wege gehen und es ist hierin durch seine souveräne Geschwindigkeit jederzeit befähigt. Nur in den seltensten Fällen wird eine Gewitterfront so ausgedehnt sein, daß das Schiff auf die Erreichung seines Zieles verzichten muß. In diesem Falle muß rechtzeitig ein geeigneter Landungsplatz aufgesucht werden.

TECHNISCHE AUSBLICKE

Wenn oben gesagt wurde, daß die äußere Form des Ballonkörpers zu einem gewissen Abschluß gebracht sei, so kann nicht das gleiche von der Antriebsvorrichtung der Schiffe behauptet werden. Bis jetzt hat sich der Viertaktmotor für leichtsiedende Brennstoffe unumschränkt behauptet, weil er an Eigengewicht und an Brennstoffverbrauch ohnegleichen dasteht; doch haben diese Brennstoffe den großen Nachteil der Explosionsgefährlichkeit, so daß sie in bezug auf Feuersgefahr dem Wasserstoff nicht viel nachstehen. Für Kraftwagen und Flugzeuge ist die Eigenschaft der leichtsiedenden Brennstoffe, daß die Motoren jederzeit sofort anlaufen, eine in der Psychologie der Verbraucher begründete Notwendigkeit. Für ein Luftschiff ist diese Notwendigkeit nicht gegeben, und man kann hier sehr wohl zu Schwerölmotoren greifen, auch wenn sie zum Anlaufen der Vorwärmung bedürfen sollten. Auch ist, wie schon oben erwähnt, der Übergang vom Viertakt- zum Zweitaktmotor eine aussichtsreiche Vereinfachung. Von mehreren Seiten wurde auch die Anwendung von Turbinen an Stelle der Kolbenmotoren vorgeschlagen. Sie würden einen ruhigen, gleichmäßigen Antrieb geben, würden es ermöglichen, in einer Gondel eine weit größere Leistung zu vereinigen als bisher und den Antrieb dadurch wesentlich vereinfachen. Aber die Dampfturbine hat einen viel zu hohen Brennstoffverbrauch, und die Gasturbine ist noch nicht so weit entwickelt, daß sie ernstlich in Betracht gezogen werden müßte. Gleichwohl liegt vielleicht hier die Zukunft des Luftschiffantriebs.

Eine für den Betrieb sehr wichtige Verbesserung, die vielleicht schon in nächster Zeit sich verwirklichen wird, ist die Einführung eines Ballastgewinnes durch Kondensation der Auspuffgase. In den Treibölen bildet der Wasserstoff ungefähr 14 Prozent des Gesamtgewichts und bei der Verbrennung wird Wasserdampf erzeugt, der in einem Kühler zu Wasser kondensiert werden kann. Da dieses Wasser aus dem Wasserstoff und dem achtfachen Gewicht Sauerstoff der Luft sich zusammensetzt, so ist sein Gewicht größer als das der verbrannten Öle. Man könnte also mittels dieses Verfahrens so viel Ballast gewinnen, als man Brennstoff verbraucht und hätte nicht nötig, große Mengen Traggas auszulassen, um das durch den Brennstoffverbrauch erleichterte Schiff wieder auf den Boden zu bringen. Das würde, zumal wenn Helium verwendet wird, eine erhebliche Ersparnis bedeuten. Aber auch für den Betrieb wäre es eine große Erleichterung. Kommt ein Luftschiff mit einem Ballasterzeuger auf einer Zwischenhaltestelle an, so kann es an Stelle des Ballastwassers ohne weiteres Brennstoff aufnehmen und erspart die zeitraubende Gasnachfüllung. Auch wird die Landung ungleich sicherer und einfacher, wenn das ankommende Luftschiff über einen größeren Ballastvorrat verfügt.

Versuche haben ergeben, daß es möglich ist, genügend Wasser zu kondensieren, daß aber die Kühler sehr rasch verschmutzen und sich verstopfen. Diese Schwierigkeit ist bis jetzt noch nicht überwunden.

BETRIEBSANLAGEN

Die Betriebsanlagen bestehen aus den Landeplätzen, die gewöhnlich von Flugzeugen mitbenutzt werden, und den Ballonhallen nebst Nebengebäuden. Man unterscheidet Stützpunkte erster und zweiter Ordnung. Die Stützpunkte erster Ordnung sind mit Hallen und allen Hilfsanlagen ausgerüstet, diejenigen zweiter Ordnung nur mit Verankerungs- und Versorgungsmitteln.

Für jedes im Betrieb befindliche Schiff braucht man mindestens eine Halle. Prallschiffe, die außer Betrieb sind, können zusammengefaltet werden und nehmen dann in der Halle seitlich am Boden liegend anderen Schiffen den Platz nicht weg. Gerippeschiffe blockieren die Halle dauernd, können also nicht in Reserve gehalten, sondern müssen gebraucht werden. In der Nachkriegszeit sind die Betriebsanlagen durch Einführung der Landemaste verbessert worden, um deren Ausbildung sich die Engländer das Hauptverdienst erworben haben.

Der Landemast soll dem Schiff einen hochgelegenen Fesselpunkt bieten, an dem es sich in den Wind einstellen kann, ohne bei starken Böen den Boden zu berühren. Es wird zu diesem Zwecke dicht an den Mast herangeholt und legt sich mit der Spitze an eine Art Trichter an, der auch nach vorn gerichtete Kräfte aufnehmen kann. Die Höhe der Maste beträgt etwa 30 m; sie muß sich nach der Größe der Schiffe richten. Am Landemast können aber unter Umständen seitliche Kräfte auf die Flanken des Luftschiffes wirken, wenn Seitenböen auftreten und das Luftschiff vermöge seiner Masse sich nicht rasch in den Wind einstellen kann. Der LZ. 4 ist bei Echterdingen von einer solchen Seitenbö überfallen worden, was auch einem am Landemast hängenden Schiffe zustoßen kann. Dann vermögen die Träger an der Spitze die Knickbeanspruchung nicht auszuhalten und brechen ab. Schon zweimal ist ein Schiff in dieser Weise vom Landemast abgerissen.

Prallschiffe, bei denen keine auf Knickung beanspruchten Teile vorhanden sind, vermögen sich in diesen Verhältnissen besser anzupassen.

Die Spitze würde sich in einem solchen Falle deformieren unter einer momentanen Drucksteigerung im Ballon; das Abreißen der Seile aber läßt sich verhindern; auch kann man ein Prallschiff mittels der Reißvorrichtung in kürzester Frist entleeren und der Wut des Sturmes entziehen. Dann darf es aber nicht allzu hoch angehängt sein; es muß überhaupt prinzipiell mit einfacheren Verankerungsmethoden auskommen, da eine Bodenberührung bei weitem nicht so gefährlich ist wie beim Gerippeschiff. Soll ferner der Ankermast seinen Zweck erfüllen, so muß die Besatzung des Schiffes vollzählig auf ihrem Posten sein.

Der Aufenthalt am Ankermast bei Sturm ist also nicht nur für das Material, sondern besonders für das Personal höchst aufreibend. Trotzdem kann der Landemast einem Schiff ermöglichen, einen heftigen Sturm abzuwarten, bis es in der Halle geborgen werden oder seine Fahrt fortsetzen kann.

Landemaste sind daher eine Sicherheitseinrichtung, die auf keinem Luftschiffhafen fehlen darf, der mit festen, nicht drehbaren Luftschiffhallen versehen ist. Wo gar keine Hallen sind, ist die Einrichtung eines Landemastes ohnehin eine Notwendigkeit.

Der Gedanke, den Landemast so auszubauen, daß das Schiff von der Spitze her bestiegen uud beladen wird, scheint durch die bisherigen Erfahrungen nicht gestützt zu werden. Er beruht auf der Annahme, daß die Schiffe unbesorgt längere Zeit an ihm verweilen können, und das ist bis jetzt wenigstens nicht der Fall. Auch ist es für die Fahrgäste keine Annehmlichkeit, den Weg in luftiger Höhe in das Schiff anzutreten. Man bedenke, daß gerade die verwöhntesten Leute als Luftschiffgäste in Betracht kommen. Außerdem ist ein solcher Landemast mit Einholwinde und einem Fahrstuhl für Fahrgäste und Lasten keine einfache und billige Anlage. Der Gedanke ist aus dem Bestreben hervorgegangen, den Bau der teuren Ballonhallen einzuschränken; nun wird der Apparat doch auch sehr kostspielig und dazu unsicher. Es macht einstweilen noch nicht den Eindruck, als ob das möglichst Einfache und wirtschaftlich Beste bereits gefunden wäre.

WIRTSCHAFTSFRAGEN

Das Handels- und Verkehrsluftschiff ist in seiner Leistungsfähigkeit, bestimmt durch seine in Tonnenkilometern ausgedrückte Transportleistung, d. h. eine Angabe, wieviel Tonnen zahlende Last über eine gewisse Zahl Kilometer fortgeschafft werden können. Es handelt sich also darum, das Produkt: Zahlende Last mal Fahrweg, recht groß zu machen. Könnte z. B. ein Luftschiff 9 t Last über 3000 km transportieren, so wäre das Produkt 27 000 t/km, und da der Tonnenkilometer bezahlt wird, so ist dies ein Maßstab für die Einnahme.

Würde man nur Brennstoff allein laden, so wäre wohl der Weg ein Maximum; es bliebe aber keine zahlende Last übrig, das Produkt wäre Null. Das nämliche Ergebnis hat der andere Extremfall, wenn nur zahlende Last und kein Brennstoff geladen wird. Eine rechnerische Behandlung der Aufgabe zeigt, daß die Transportleistung am größten ist, wenn das Brennstoffgewicht gleich ist dem Gewicht der zahlenden Last. Weiter folgt das unerwartete Resultat, daß die Transportleistung dem Quadrat der Zuladung proportional ist unter der Voraussetzung natürlich, daß die Größe des Schiffes und seine Antriebsvorrichtung sich gleichbleiben. Gesetzt, es sei eine Zuladung von 18 t verfügbar, von denen 9 t zahlende Fracht und 9 t Brennstoff sind. Gelänge es uns, nun durch Ersparnisse am Gewicht des Ballons und der Antriebsvorrichtung noch 1 t zu gewinnen, so hätten wir statt 9 t Brennstoff 9,5 t und ebenso statt 9 t Last 9,5 t einzusetzen und unser Produkt wird im Verhältnis $\frac{9 \cdot 5}{9} \times \frac{9 \cdot 5}{9} = \left(\frac{9 \cdot 5}{9}\right)^2 = 1 \cdot 11$ größer. Das heißt, die Verdienstmöglichkeit des Schiffes ist um 11 Prozent gestiegen, obwohl die Nutzlast nur um 5,5 Prozent zugenommen hat. Von diesem Satz haben wir schon oben bei dem Vergleich zwischen Wasserstoff- und Heliumschiffen Gebrauch gemacht, und es scheint mir zweifelhaft, ob Heliumschiffe überhaupt konkurrenzfähig sind. Denn die Selbstentzündungsgefahr ist durch geeignete Mittel vermeidbar, und vom Blitz ist das Heliumschiff ebenso gefährdet wie das Wasserstoffschiff.

Die Lastberechnung eines Luftschiffes muß nunmehr folgenden Weg gehen: Der Auftrieb der Gasmasse ist nach dem Luftdruck und der Temperatur des Ausgangshafens zu bestimmen. Von diesem ist zunächst abzuziehen das Gewicht des Ballons samt Steuervorrichtungen, das Gewicht der Antriebsvorrichtung, d. i. Motoren und Motorengondeln nebst Propeller, und das Gewicht der Besatzung, deren Verpflegung und Unterkunftsräume, sodann eine angemessene Menge Ballast. Der verbleibende Rest ist die Zuladung. Er geht zu gleichen Teilen auf den Brennstoff nebst Tanks und Leitungen und auf die zahlende Last nebst Packgefäßen und Gondeln, d. i. Post, Waren, nebst den erforderlichen

Aufbewahrungsräumen und Passagiere mit den Einrichtungen für ihre Unterkunft, Verpflegung und Bedienung.

Es ist nun von Interesse festzustellen, wie sich die Rentabilität ändert, wenn das Verhältnis: Brennstoff gleich zahlender Fracht nicht eingehalten wird. Unser Ballon soll eine besonders lange Fahrt machen und nimmt statt 9 t 12 t Betriebsstoff und nur 6 t zahlende Fracht. Das Produkt war vorher $9 \times 9 = 81$; jetzt ist es nur $12 \times 6 = 72$, d. i. um 11 Prozent geringer. Wenn wir also den Fahrpreis für den Tonnenkilometer nicht hinaufsetzen können, rentiert der Ballon sich schlechter.

Bei geringeren Abweichungen ist aber der Verlust unbedeutend. Er beträgt bei einer Überschreitung der wirtschaftlichen Fahrtstrecke von 10 Prozent 1 Prozent, bei einer Überschreitung von 20 Prozent 4 Prozent. Ist die Fahrstrecke wesentlich kürzer als es die Leistungsfähigkeit des Schiffes erlaubt, so kann die Brennstofflast vermindert und die zahlende Fracht vermehrt werden, wodurch die Rentabilität steigt. Die beste Rentabilität erhält man aber dadurch, daß man den Schiffsraum nicht größer wählt als notwendig; denn damit wird auch die Motorleistung und der Brennstoffverbrauch pro Kilometer auf das Minimum herabgesetzt.

Bei der Verkürzung der Fahrstrecken ist namentlich der Umstand in Betracht zu ziehen, wieweit die Verkürzung mit Rücksicht auf die Konkurrenz anderer Verkehrsmittel überhaupt möglich ist. Diese Mindestentfernung ist auf 2000 km geschätzt. Nimmt man die Regel: Brennstofflast gleich zahlender Fracht als Grundlage für die Bemessung eines Schiffes, so kann man aus den bekannten Maßen anderer Schiffe ausrechnen, wie groß ein Schiff sein muß, um in wirtschaftlicher Weise eine bestimmte Strecke zu befahren. Wir dürfen bei großen Schiffen das Gewicht des Ballons dem Volumen proportional setzen. Ferner findet sich, daß das Gewicht der Antriebsvorrichtung dem Querschnitt des Schiffes proportional geht, wenn die Geschwindigkeit sich gleich bleibt.

Unter diesen Annahmen und mit Benutzung der Ergebnisse des LZ. 126 ergibt sich folgende Formel für die Größe des Ballons, wenn eine bestimmte wirtschaftliche Fahrtstrecke vorgeschrieben ist:

$$A^{\frac{1}{3}} = \left(\frac{s}{155 \cdot 5} + 3 \cdot 94 \right) 1 \cdot 39$$

Hier bedeutet A den Auftrieb der Gasmasse in Kilogramm, s den verlangten Fahrtweg in Kilometer. Erhebt man den Wert $A \cdot \frac{1}{3}$ in die dritte Potenz, so erhält man den Auftrieb des Gases und (mit einem Aufschlag von 10 Prozent) auch den Rauminhalt des Ballons in Kubikmeter.

Nachstehende Tabelle ergibt das Resultat:

s km	A kg $\sim$ cbm
2000	22 700*)
3000	33 700*)
4000	70 000 (LZ. 126)
·5000	127 000
6000	206 000
7000	315 000

*) Für die kleinen Schiffe gibt die Formel ein zu günstiges Resultat.

Die. nachstehende Kurve zeigt den Verlauf graphisch.

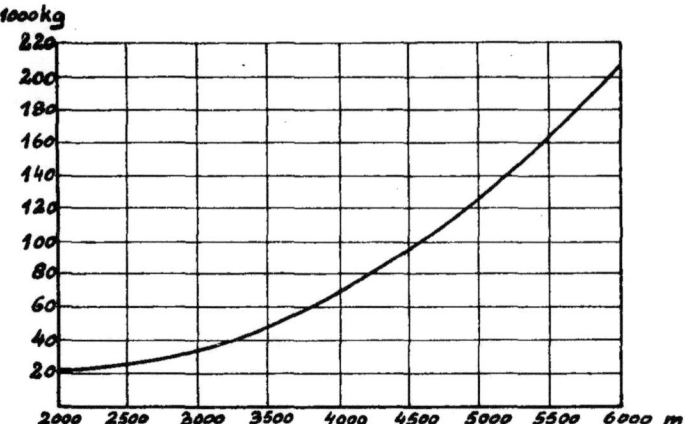

Abb. 119. Wirtschaftliche Fahrtstrecke und Gasauftrieb

Für den LZ. 126 habe ich als Auftrieb, wie oben in der Tabelle angegeben, 1 kg/cbm eingesetzt.

Große Schiffe können bis ein Drittel ihres Auftriebs als zahlende Fracht erreichen. Für kleinere Schiffe wird die Erreichung dieses Verhältnisses schwierig.

Der LZ. 126, der dieser Berechnung als Grundlage gedient hat, hat bei seiner großen Fahrt 8100 km zurückgelegt., aber so gut wie keine wirtschaftliche Nutzlast mitgeführt. Wird also die Hälfte des Brennstoffs durch zahlende Fracht ersetzt, so wird seine Fahrtstrecke halb so groß, gleich 4000 km.

Die wirtschaftliche Fahrtstrecke des LZ. 126 beträgt demnach etwa das 20000 fache seiner eigenen Länge.

Mit obiger Tabelle soll natürlich nicht gesagt sein, daß nicht auch kleinere Schiffe größere Strecken überbrücken können. Die höchstmögliche, man könnte sagen „sportliche" Fahrtlänge ist das Doppelte der wirtschaftlichen. Dann wird aber das Schiff nur Brennstoffträger und der Betrieb unwirtschaftlich.

PRALL- UND GERIPPESCHIFFE

Bevor wir einen Blick in die Zukunftsmöglichkeiten der Luftschiffahrt zu tun unternehmen, ist es unvermeidlich, sich über die Eigenschaften der in Frage stehenden Systeme Klarheit zu verschaffen.

Das Zeppelin-Schiff war von Anfang an vorwiegend als Kriegsschiff gedacht. Durch den Umstand nun, daß praktisch Luftschiffe in Europa nicht mehr für kriegerische Zwecke verwendet werden können, hat das System einen großen Teil seiner früheren Bedeutung verloren. Sein Hauptvorteil, der namentlich bei äußeren Beschädigungen zur Geltung kommt, ist die enge Zelleneinteilung, die beim Leckwerden einer Zelle die Schwimmfähigkeit garantiert. Die Zellen der Prallschiffe können nicht gut kürzer gemacht werden als der Durchmesser des Ballons, während die Zeppelin-Zellen nur etwa halb so lang sind. Wenn aber die Schiffe mit der Möglichkeit der Beschießung nicht mehr zu rechnen haben, kann man sich auch mit der weiteren Zelleneinteilung begnügen, und nun treten die Mißstände der engen Zelleneinteilung und des Gerippes überhaupt, das eben wegen der engen Zelleneinteilung vorhanden sein muß, in den Vordergrund.

Zunächst ist das Prallschiff etwas leichter als das Gerippeschiff, schon dadurch, daß etwa die Hälfte der Querwände im Langkörper wegfallen. Genaue Zahlen lassen sich über die Gewichtsverhältnisse nicht geben, da die hierzu notwendigen Angaben über die Zeppelin-Schiffe mir nicht zur Verfügung stehen. Die Angaben über Tragkraft aus der Kriegszeit klingen unwahrscheinlich hoch und sind mit einer Herabsetzung der Abmessungen erkauft, die bei einem Handelsschiff nicht zulässig sein würde.

Der Ballon eines modernen Prallschiffes besteht aus drei Hüllen: einer äußeren luftdichten Hülle, aus einem Stahlnetz, an dem die Außenhülle innen befestigt ist und aus den Gaszellen, die im Innern des Stahlnetzes liegen. Der Zweck des Stahlnetzes ist erstens der, die erforderliche Sicherheit gegen Platzen zu geben, und zweitens, die Form des Ballons genau zu bestimmen, so daß Durchbiegungen des Langkörpers ausgeschlossen sind.

Das Prallschiff kann also als ein Zeppelin-Schiff bezeichnet werden, bei dem das Gerippe durch ein Stahlnetz ersetzt ist.

Dieser Unterschied verleiht dem Prallschiff eine große Überlegenheit in dem Punkte der Bruchsicherheit. Hierüber reden die Erfahrungen eine deutliche Sprache. 14 Zeppelin-Schiffe sind durch schwere Gerippebrüche vernichtet worden*). Man muß die Schiffe behandeln wie ein rohes Ei; denn ein Gerippebruch bedeutet mindestens eine unangenehme Reparatur. Die Bruchgefahr war schlimmer als die Brandgefahr, und sie war es vor allem, die nach dem Krieg verhindert hat, daß die ans Ausland abgetretenen Schiffe in Gebrauch genommen wurden. Daß schließlich die Anfertigung eines Stahlnetzes weniger kostspielig ist als der Aufbau eines Gerippes, bedarf keines Beweises.

Für den Friedensgebrauch dürfte also das Prallschiff wirtschaftlicher sein, da es billiger und leichter ist und nicht mit der Bruchgefahr zu rechnen hat.

LUFTSCHIFFLINIEN

Wenn wir darangehen wollen, Luftschifflinien zu entwerfen, so müssen wir nach dem gegenwärtigen Stand der Weltfinanzen mit Projekten beginnen, die keine allzu hohen Kapitalaufwendungen erfordern. Wir werden die Größe der Schiffe daher nicht über ein gewisses Maß steigern können und müssen zu diesem Zweck die Strecken ohne Zwischenlandung entsprechend kurz halten. Wir wählen eine Strecke von 4000 km und erhalten ein Schiff von 70000 cbm von der Größe des LZ. 126. Es wird sich zeigen, daß man damit in allen vorkommenden Fällen ausreicht. Arbeitet man mit Prallschiffen, so hat man wegen ihrer bekannten Unempfindlichkeit gegen Landungsstöße die zahlreicheren Landungen in keiner Weise zu scheuen.

Beim Durchfliegen sehr heißer Luftstrecken und beim Überfliegen von Gebirgen ist eine Reserve an Ballonraum von 10 bis 20 Prozent nötig, die dem Gas gestattet, sich ent-

*) Nach Kollmann: Das Zeppelin-Luftschiff, seine Entwicklung, Tätigkeit und Leistungen. Berlin 1924.

sprechend auszudehnen. Der Ballon, der in solchen Fällen zweckmäßig nicht von Anfang an ganz gefüllt wird, muß daher um dieses Maß größer sein. Die Geschwindigkeit des Schiffes wird dadurch um 3—7 Prozent vermindert. In dem Ballonraum unserer Tabelle ist eine gewisse Reserve bereits enthalten.

Wir beginnen mit dem nächstliegenden, der Linie Europa—Nordamerika. Hier müßte ein Stützpunkt auf den Azoren errichtet werden. Man hat: *Berlin* 3600, Azoren 4000, *Neuyork*. (Die zwischen den Namen stehenden Ziffern bedeuten die Entfernungen in Kilometer, die schräg gedruckten Stationen sind erster Ordnung.)

Gesamtentfernung: 7600 km. Fahrtdauer: 3—4 Tage.

Die Einrichtung auf den Azoren würde in der Errichtung von zwei Landemasten und in Anlagen zur Ergänzung von Brenn- und Wasserstoff bestehen. Die Dauer einer Hin- und Herfahrt nimmt zweimal 4 Tage plus 1 Tag Aufenthalt auf der Endstation in Anspruch. Rechnet man dazu noch 2 Tage Ruhezeit für die Besatzung nach der Fahrt und für Überholung des Schiffes, so ist das Schiff am 12. Tag zu neuer Fahrt bereit und könnte im Monat 2,5 Fahrten machen.

Soll etwa alle Wochen in beiden Richtungen je ein Schiff gehen, so müßten drei Schiffe dauernd in Tätigkeit sein. Rechnet man noch ein Schiff als Reserve, so braucht die Gesellschaft vier Schiffe und in Berlin und Neuyork je eine Doppelhalle.

Die Schiffe könnten 20 t zahlende Fracht nehmen. Würde hiervon die Hälfte auf Passagierbeförderung verwendet, die andere Hälfte auf Beförderung von Post und Waren, so könnten 30 Passagiere mitfahren.

Muß der Betrieb verdichtet werden, so wäre auch auf den Azoren eine Doppelhalle zu errichten, die wesentlich dazu beitragen würde, das Vertrauen zu dem Betrieb zu heben, wenn dort immer ein fahrbereites Schiff stände, das bei Unfällen Hilfe leisten kann.

Eine für das englische Weltreich besonders wichtige Linie, die Pressenachrichten zufolge bereits in Erwägung gezogen wird, ist die Route von England nach Indien: *London* 2050 Rom 2220 *Port Said* 2700 Aden 2800 *Bombay*. (10100 km, 5 Tage.)

Sie kann entweder in zwei Etappen betrieben werden, wobei in der Regel nur Port Said angelaufen wird, oder mit kleineren Schiffen von etwa 30000 cbm, die auf jeder der Teilstrecken Brennstoff nehmen. Diese Schiffe könnten etwa 30 Passagiere befördern und sind wegen ihrer Einfachheit und hohen Landefähigkeit, die ihnen eine gewisse Unabhängigkeit von den Stationen verleiht, als Vergnügungsschiffe verwendbar.

Eine sehr aussichtsreiche Linie ist ferner die Luftstraße Moskau—Japan längs der Sibirischen Bahn:

Moskau 1250 Orenburg 2100 *Tomsk* 1360 *Irkutsk* 2400 Wladiwostok 740 *Hakodate* in Japan. (7800 km, 4 Tage.)

Da auf der Strecke Irkutsk—Wladiwostok Gebirge zu überfliegen sind, ist Irkutsk als Stützpunkt erster Ordnung projektiert. Bei der Fahrt in westöstlicher Richtung würden die Schiffe auf der Strecke Tomsk—Wladiwostok durch das Gebirge nicht wesentlich behindert sein, da sie von Tomsk herkommend schon durch Brennstoffverbrauch genügend entlastet wären. Bei der Fahrt in umgekehrter Richtung ist das nicht der Fall. Die Schiffe verlieren beim Überfliegen des Gebirges viel Gas und müßten in Irkutsk Gas nehmen.

Da der Schiffsbetrieb auch nachts geht, könnte er, auch was Geschwindigkeit betrifft, sehr gut mit den Flugzeugen konkurrieren.

Bei den Gebirgsfahrten empfiehlt es sich nicht, in engen Tälern emporzukriechen, wie es seinerzeit der Z. IV und der P. 3 gemacht haben. In den Talengen ist mit sehr wirbligen und oft mit verstärkten Luftströmungen zu rechnen, und da man die Orientierung nach Funkspruch nimmt, so fällt die Notwendigkeit weg, einer bestimmten Tallinie sklavisch zu folgen. Man wird daher von den Gebirgswänden frei gehen, ein Verfahren, das die hohe Eigengeschwindigkeit der Schiffe ohne weiteres ermöglicht.

Die längsten Teilstrecken hat die Linie über den Stillen Ozean:

St. Franzisko 3600 Hawai-Inseln 6400 *Tokio.* Hier würden also größere Schiffe nötig sein.

Die Linie von Europa nach Südamerika:

Sevilla 3000 *Kap Verdische Inseln* 2900 *Pernambuko* 2000 Rio de Janeiro 2200 *Buenos Aires* bietet keine besonderen Schwierigkeiten.

Es wäre hier der Ort, noch ein Wort über den projektierten Nordpolflug zu sagen, den schon Zeppelin seinerzeit ins Auge gefaßt hatte.

Vom reinen Verkehrsstandpunkt aus hat das Projekt keinen Sinn. Der Nordpol und seine angenehme Umgebung liegt nicht so, daß er für Verkehrszwecke in Betracht kommt. Welchen wissenschaftlichen Gewinn eine solche Expedition bringen kann und ob derselbe zu den Kosten in einem angemessenen Verhältnis stehen würde, das vermag ich nicht zu beurteilen, glaube jedoch, daß die wissenschaftlichen Arbeiten stark durch die Schwierigkeiten behindert werden dürften, ein so großes Schiff ohne Hilfe von außen zu landen und sicher am Anker festzuhalten, so lange, bis die wissenschaftlichen Beobachtungen beendet sind.

Wie groß bzw. wie klein ein solches Schiff gemacht werden kann, das hängt ab von der Last, die man dem Schiff aufbürdet und von der Länge des zurückzulegenden Weges. Die Regel: Transportierte Last gleich Brennstofflast, ist natürlich hier nicht maßgebend. Setzen wir die Transportlast auf 40 t, die Strecke auf 40 Breitengrade, gleich 4500 km, an, so kommen wir auf ein Schiff von 120000 cbm. Das Schiff könnte dabei von Nordkap bis nach Alaska fahren. In Alaska müßte Gas- und Brennstoffersatz zur Rückfahrt bereitstehen: etwa 40 t Benzin und 40000 cbm Gas.

Bis auf eine einzige laufen sämtliche projektierten Luft-Linien über See. Dort ist die Fahrt am günstigsten, weil die Luftbewegung dort am gleichmäßigsten ist, und weil keine Hindernisse vorhanden sind, die dazu zwingen, größere Höhen aufzusuchen. Nur wenig Beispiele konnten hier gegeben werden, aber noch an vielen anderen Stellen der Erde sind jetzt oder in Zukunft günstige Bedingungen zu finden. Wie sich der Verkehr entwickeln wird, zu welcher Größe der Schiffe, zu welchen Geschwindigkeiten, das wird eine bessere Zukunft lehren, in der die grausamen Zerstörungen des Weltkrieges endlich überwunden sind.

NACHWORT

Wir sind am Schluß angelangt. Über neuen Sorgen und neuen Ausblicken haben wir
den großen Pionier und Rufer im Streite, den Bahnbrecher Zeppelin, fast vergessen. Ob
sein System Bestand haben wird, das wird eine nahe Zukunft entscheiden. Aber selbst wenn
sich ein anderes System als wirtschaftlicher erweisen sollte, der unsterbliche Ruhm wird dem
Grafen Zeppelin immer bleiben, daß er es war, der das Luftschiff geschaffen und lebens-
fähig gemacht hat. Alles fließt, und technische Formen wechseln wie Frühlingsblumen.
Mag es manchen schmerzlich berühren, daß auch das schöne, das herrliche Zeppelin-Schiff
dem Drang der Entwicklung nicht standhalten soll: das Gebiet der Technik hat für Emp-
findsamkeiten nicht Raum. Wir, wir leben, unser sind die Stunden und der Lebende hat
Recht.

Und mehr als für andere gilt für die Luftschiffahrt das Motto:

Semper altius!

Immer höher hinauf!